新时代 新作为 新担当

与领导干部谈担当

修订版

刘玉瑛 著

新华出版社

图书在版编目（CIP）数据

与领导干部谈担当/刘玉瑛著

北京：新华出版社，2015.5（2025.2重印）

ISBN 978－7－5166－1688－8－01

Ⅰ.①与…　Ⅱ.①刘…　Ⅲ.①中国共产党—干部教育—学习参考资料

Ⅳ.①D262.3

中国版本图书馆CIP数据核字（2015）第103754号

与领导干部谈担当

作　　者：刘玉瑛	
责任编辑：赵怀志　沈文娟	封面设计：臻美书装
责任印制：廖成华	责任校对：刘保利

出版发行：新华出版社

地　　址：北京石景山区京原路8号　　邮　　编：100040

网　　址：http://www.xinhuapub.com

经　　销：新华书店

购书热线：010－63077122　　中国新闻书店购书热线：010－63072012

照　　排：新华出版社照排中心

印　　刷：大厂回族自治县众邦印务有限公司

成品尺寸：170mm×240mm　　印　　张：12

字　　数：120千字　　版　　次：2015年6月第一版

印　　次：2025年2月第三次印刷

书　　号：ISBN 978－7－5166－1688－8－01

定　　价：36.00元

图书如有印装问题，请与出版社联系调换：010－63077101

前　言

党的十八大以来，习近平总书记在系列重要讲话中多次强调："责任担当是领导干部必备的基本素质。"他还进一步指出："是否具有担当精神，是否能够忠诚履责、尽心尽责、勇于担责，是检验每一个领导干部身上是否真正体现了共产党人先进性和纯洁性的重要方面。"

习近平总书记的这些讲话，不仅对领导干部的基本素质提出了明确的具体的要求，而且阐明了具备这一素质的重要意义和作用。

日前，中共中央办公厅又印发了《关于进一步激励广大干部新时代新担当新作为的意见》（以下简称《意见》），并发出通知，要求各地区各部门结合实际认真贯彻落实。

《意见》要求，各级领导干部要切实发挥示范表率作用，带头履职尽责，带头担当作为，带头承担责任，一级带着一级干，一级做给一级看，以担当带动担当，以作为促进作为。

《通知》强调，各级党委（党组）要大力加强干部思想教育，引导和促进广大干部强化"四个意识",坚定"四个自信",切实增强政治担当、历史担当、责任担当,努力创造属于新时代的光辉业绩。

为什么说责任担当是领导干部必备的基本素质?新时代领导干部应该强化哪些责任担当?领导干部应该如何提升责任担当的素质与能力?领导干部如何带头履职尽责,带头担当作为,带头承担责任?如何结合实际认真贯彻落实中共中央办公厅印发的《关于进一步激励广大干部新时代新担当新作为的意见》,切实增强广大干部的政治担当、历史担当、责任担当?

对上述这些问题的回答既是一个重要的政治理论问题,也是一个具有很强的现实性、针对性和操作性的重要实践问题。正因为如此,我修订了《与领导干部谈担当》一书,期望用我的理解和体会对这些问题给予较为明确、系统而具体的回答。

我在撰写本书的过程中,一些专家、学者所撰写的著作论文,给了我很大的启示。在此,我谨向他们致以诚挚的谢意。

同时,我还要对新华出版社副社长黄春峰、党政读物出版中心主任赵怀志说一句"谢谢"。他们为本书的"问世"付出了辛勤的劳动。

刘玉瑛

2018年6月6日

目 录

前 言 …………………………………………………………（1）

一、责任担当是领导干部必备的基本素质 ………………（1）
（一）责任担当是优良的政治品质 …………………………（1）
（二）责任担当是崇高的精神境界 …………………………（4）
（三）责任担当是积极的工作态度 …………………………（7）
（四）责任担当是最强大的领导力 …………………………（9）
（五）责任担当是辉煌事业的基石 …………………………（10）

二、强化政治责任担当 ……………………………………（13）
（一）在思想和行动上与党中央保持高度一致 ……………（13）
（二）严格遵守党的政治纪律和党的政治规矩 ……………（17）
（三）不折不扣全面执行党的纪律和党的规矩 ……………（23）
（四）在大政方针下去思考谋划开展具体工作 ……………（29）

三、强化深化改革责任担当 ……………………………… (31)
   （一）坚定全面深化改革的必胜信心……………………… (31)
   （二）培养全面深化改革的政治勇气……………………… (34)
   （三）增强全面深化改革的政治定力……………………… (37)

四、强化执政为民责任担当 ……………………………… (41)
   （一）确定正确的执政理念………………………………… (41)
   （二）把握科学的执政方式………………………………… (45)
   （三）全心全意为人民服务………………………………… (50)

五、强化依法治国责任担当 ……………………………… (57)
   （一）领导干部是推进依法治国的"关键少数"………… (57)
   （二）维护宪法法律权威，保证宪法法律实施…………… (58)
   （三）法律面前人人平等，不得有超越宪法法律的特权…… (61)
   （四）强化法治思维，坚守法治方式……………………… (63)

六、强化恪尽职守责任担当 ……………………………… (66)
   （一）明确自身的社会角色………………………………… (66)
   （二）清楚工作责任的边界………………………………… (68)
   （三）将担当化为工作使命………………………………… (74)

七、担当不是口号，而是行动 …………………… (77)
（一）没履行的担当就是水上的文字 …………… (77)
（二）行动才是责任担当的唯一方式 …………… (81)
（三）担着责任前行一丝不苟做到位 …………… (84)

八、培养担当的胆略气魄 …………………………… (87)
（一）面对歪风邪气，勇于亮剑出击 …………… (87)
（二）面对艰难困苦，敢于挺直胸膛 …………… (91)
（三）面对棘手难题，不怕承担风险 …………… (97)
（四）面对繁重任务，争先抢挑在肩 …………… (102)

九、筑牢担当的道德基础 …………………………… (105)
（一）对党和人民忠诚老实 ……………………… (105)
（二）坚守诚信价值观不动摇 …………………… (108)
（三）坚持原则，敢抓敢管 ……………………… (109)
（四）永葆清正廉洁的政治本色 ………………… (113)

十、夯实担当的思想基础 …………………………… (121)
（一）树立正确的价值观 ………………………… (121)
（二）坚定正确的理想信念 ……………………… (123)
（三）解放思想，实事求是 ……………………… (128)

十一、完善担当的理论基础 ……………………（132）

（一）选择了学习就选择了责任担当 ……………（132）

（二）紧密地结合工作思想实际学习 ……………（135）

（三）培养理论学习兴趣和学习热情 ……………（136）

十二、奠定担当的方法基础 ……………………（140）

（一）行成于思，而毁于随 ………………………（140）

（二）做正确事，正确做事 ………………………（147）

（三）深入调查研究，制定缜密计划 ……………（151）

（四）一般号召与个别指导相结合 ………………（157）

（五）抓中心环节带动其他工作 …………………（164）

附：中共中央办公厅印发《关于进一步激励广大干部新时代新担当新作为的意见》……………………（169）

努力以新担当新作为创造属于新时代的光辉业绩……（176）

一、责任担当是领导干部必备的基本素质

党的十八大以来,习近平总书记在系列重要讲话中多次强调:"责任担当是领导干部必备的基本素质。"习近平总书记的这一判断,是对领导干部的素质提出了明确而具体的要求。

(一) 责任担当是优良的政治品质

所谓政治品质,是一个人在政治上的品行操守。领导干部作为党和政府的执政骨干,必须具有优良的政治品质。有了优良的政治品质,才能在大是大非问题上明辨是非、立场坚定,才能在错综复杂的矛盾和形势面前坚持原则,旗帜鲜明。

领导干部优良的政治品质由诸多要素综合而形成,而责任担当,则是一个关键而核心的要素。

第一,领导干部有责任担当,才能不辱历史使命。每种职业、每个人都有特定的、不可替代的历史使命。作为新时期的党的领导干部,其历史使命,就是要肩负起对民族的责任、对人民

的责任、对党的责任，实现国家富强、民族振兴、人民幸福和人类社会的发展进步。领导干部要履行这种历史使命，其担当精神须臾不可或缺。

第二，领导干部有责任担当，才能不违党的宗旨。党的宗旨是全心全意为人民服务。全心全意为人民服务不是一句口号，而是需要实实在在的行动。这种实实在在的行动，就体现在领导干部的责任担当上。

领导干部如果有责任担当，就会"权为民所用，利为民所谋，心为民所系"；领导干部如果有责任担当，就会为人民群众排忧解难，即使是为群众赴汤蹈火也会在所不辞。党的优秀干部孔繁森就是一个有责任担当的人。

孔繁森早年在部队医院当过兵，懂得一些医术。到西藏工作后，他看到当地缺医少药现象非常严重，就准备了一个小药箱，买上一些常用药品，为农牧民看病治病。

一次，有位70多岁的藏族老人肺病发作，浓痰堵塞了咽喉，生命垂危。当时，没有其他医疗器械可用，孔繁森就将听诊器的胶管伸进老人嘴里，又对着胶管将痰一口一口地吸出来，然后又为老人打针服药，直到老人转危为安，他才放心地离去。

如果对人民没有真感情，没有责任担当，是不可能做到"对着胶管将痰一口一口地吸出来"的。

孔繁森常说："一个人爱的最高境界是爱别人，一个共产党员爱的最高境界是爱人民。"

第三，领导干部有担当，才能永葆其先进性和纯洁性。习近平总书记指出："是否具有担当精神，是否能够忠诚履责、尽心尽责、勇于担责，是检验每一个领导干部身上是否真正体现了共产党人先进性和纯洁性的重要方面。"

先进性是一个相对的概念，是一事物相对于其他事物所表现出来的优良特质。政党作为特定阶级利益的集中代表者，作为为特定阶级利益而进行斗争的政治组织，其先进性就是相对于这一特定阶级的普通成员和其他政治组织所表现出来的优良特质。

中国共产党作为工人阶级的政党，其先进性就是代表着中国先进生产力的发展要求，代表着中国先进文化的前进方向，代表着中国最广大人民的根本利益。

纯洁，是指纯正清白，没有污点，没有私心。党的纯洁性，是指党组织、党员领导干部、普通党员在日常工作和生活中所表现出来的纯正清白品质。

纯洁性是无产阶级政党一贯的价值追求和行为准则。保持党的纯洁性，是中国共产党建设的永恒主题。

早在1945年，毛泽东同志就明确指出，要夺取全国革命的胜利，"就要有一个有纪律的、思想上纯洁的、组织上纯洁的党"。

党的先进性和纯洁性需要党的领导干部的先进性和纯洁性来

体现。这就要求党的领导干部能担当起践行"三个代表"的重要任务，保持自身的纯正清白品质。

（二）责任担当是崇高的精神境界

境界，是指人在某件事物上所处的水平。人生在世，为人、做事、做官，都有一个境界的问题，而且境界还有高有低。

2003年7月13日，时任浙江省委书记的习近平在浙江日报头版《之江新语》专栏，以"哲欣"为笔名，发表了"理论学习要有三种境界"一文，文中写道：

著名学者王国维论述治学有三种境界：一是"昨夜西风凋碧树，独上高楼，望尽天涯路"；二是"衣带渐宽终不悔，为伊消得人憔悴"；三是"众里寻他千百度，蓦然回首，那人却在灯火阑珊处"。

领导干部学习理论也要有这三种境界。首先，理论学习上要有"望尽天涯路"那样志存高远的追求，耐得住"昨夜西风凋碧树"的清冷和"独上高楼"的寂寞，静下心来通读苦读；其次，理论学习上要勤奋努力，刻苦钻研，舍得付出，百折不挠，下真功夫、苦功夫、细功夫，即使是"衣带渐宽"也"终不悔"，"人憔悴"也心甘情愿；再次，理论学习贵在独立思考，学用结合，学有所悟，用有所得，要在学习和实践中"众里寻他千百度"，最终"蓦然回首"，在"灯火阑珊处"领悟真谛。只有这样，各级领导干部才能做到带头学、深入学、持久学，成为勤奋学习、善于思考的模范，解放思想、与时俱进的模范，学以致用、用有所成的模范。

王国维论述治学有三种境界、习近平总书记认为领导干部学习理论也有这三种境界。治学、学习理论有境界，领导干部在领导岗位上做事也有境界问题。

领导干部在领导岗位上做事有四种境界：第一种是尽力；第二种是尽心；第三种是尽情；第四种是尽责。

"尽责"，就是做好职责范围内应该做的事，担当起自身应该担当的责任，即责任担当。责任担当是领导干部在领导岗位上做事的一种最高境界。

为什么说责任担当是领导干部在领导岗位上做事的一种最高境界？

第一，**责任担当，就是要履行职责**。每一个领导岗位都有每一个领导岗位的职责。领导干部在领导岗位上工作，必须履行好其职责。一个领导干部如果不能履行好其职责，即使他尽力、尽心、尽情了，也不能说他是一个合格的领导干部。作为一个合格的领导干部，他在对岗位职责尽力、尽心、尽情的同时，还要把工作职责履行好，而且这是最重要的。

第二，**责任担当，就是要完成使命**。现实的社会工作中，每个人都要扮演着不同的角色，不同的角色有不同的责任。作为医生,有"救死扶伤"的责任;作为教师,有"传道授业"的责任。每个人扮演的角色不同,所承担的责任也就不同,而饰演各种角色的最大成功,就是责任担当,完成使命。

习近平总书记在中央党校2010年秋季学期开学典礼上的讲话中指出:"权力的行使与责任的担当紧密相连,有权必有责。看一个领导干部,很重要的是看有没有责任感,有没有担当精神。"

美国纽约前市长鲁道夫·朱利安尼则说过:"所谓的领导,就是在享受特权的同时,承担起更大的责任。在风险和危机来临时,有勇气站出来,单独扛起压力。"

鲁道夫·朱利安尼正是基于这种对责任担当的认知,他才能带领纽约市民走出了"9·11事件"的那场前所未有的危机,他也因之而成为美国民众心中的英雄。

第三,责任担当,就是要履行契约。工作岗位职责,其实就是契约条款。领导干部有责任担当,才能不畏任何艰难困苦去履行职责。面对艰巨的工作任务,他能义无反顾、积极主动地承担;面对工作中遭遇到的挫折困境,他能不气馁,不退缩,以大无畏的勇气去努力克服。

一个能够履行职责、完成使命、履行契约的领导干部,不能不说是达到了工作的最高的境界。

（三）责任担当是积极的工作态度

工作态度决定工作行为，工作行为决定工作效果。积极的工作态度，能引发积极的工作行为，取得良好的工作绩效。相反，消极的工作态度，会导致消极的工作行为，从而影响工作绩效。记得古时候发生过这样一个故事：

有一年，江苏泰兴县发生了蝗灾。县太爷不愿意承担责任，就报告他的顶头上司："本县过去从来没有发生过蝗灾，蝗虫是从我们的邻县如皋飞来的。"随后，他又写了一封公函给如皋县的县令，让如皋县令差人来捕捉蝗虫。

如皋县令见了公函，则大笔一挥回应道："蝗虫本是天灾，并非县官无才；既从我县飞去，还请贵县押来。"

不言而喻，这两位县官哪一个的工作态度都不积极。消极的工作态度，导致的是相互推诿的工作行为，相互推诿的工作行为，造成了蝗虫继续泛滥成灾的结果。

其实，这种工作态度消极，导致相互推诿的事情现如今也随处可见。如皋隶属南通市，那咱们就来看一个南通的问题——2010年8月18日新华日报报道了这样一件事：

7月24日中午，一辆外地卡车从南通市区交通要道口经过时，意外坠落一块楼板。

随后，"12345"值班人员接到了群众的求助电话。在核实准确方位的基础上,"热线"紧急"派单"到城管部门,但城管回应称"整块楼板不好处理,城建部门应该可以处理"。

于是,"派单"电话打到城建热线。城建热线一位戴姓值班干部反馈:按职责此事属于城管。

"12345"值班人员第三次电话通知城管之后,一位姓王的先生称因没有器械将楼板抬起,还是应该由城建部门处理。

6轮互推后,"皮球"被踢给了环卫部门,该部门一位姓金的班长回复,环卫只能清理路面小型抛撒物,由于该楼板体积较大属于路面障碍物,已超出他们可清理的范围。

这样的"皮球"一踢就是4天。到了28日,楼板还躺在路上无人问津。无奈之下,"热线"的第8个电话打给了公安110。公安迅速回复:民警已及时设立了警示标志,并正在处理。随后把楼板从路面移到了绿化带内,但如需彻底清障,需要其他部门配合。最后,附近一女店主自掏腰包请人搬走了绿化带中的楼板。

看了这篇报道,我想起一段话。这段话说,有些人遇到工作任务,碰到疑难问题,你推我,我推你。甲让乙处理,乙叫丙合计,丙请丁斟酌,丁等甲审批……一项工作相互推,像个皮球来回踢。

领导干部在岗位上工作,需要克服这种消极的工作态度,培养积极的工作态度。而责任担当,就是一种积极的工作态度。积极的工作态度，是领导干部做好各项工作的保障。

第一，领导干部有了责任担当，就会认真踏实地做好自身所肩负的各项工作，不偷懒，不耍滑头。即使自身所肩负的工作并不能给自己带来现实的利益，他也会兢兢业业地把它做好，做到位。

第二，领导干部有了责任担当，就会"以苟活为羞，以避事为耻"。他会积极主动地去承担组织上部署的工作任务，尽心竭力地去完成组织上所安排的各种任务。哪怕这些任务异常艰巨困难，他也能迎着困难上，不苟活、不避事，而这些，正是积极的工作态度所具有的要素与要求。

（四）责任担当是最强大的领导力

领导力，是领导干部把握组织使命，有效地影响领导对象围绕这个使命而工作、奋斗的、并为下属认同的品质和本领。其实，领导力就是影响力，领导干部怎样才能有效地影响别人？一言以蔽之：责任担当。

俗话讲："喊破嗓子，不如干出样子。"明朝学者陈继儒认为，看一个人，主要就是从四个方面看："大事难事看担当，逆境顺境看襟度，临喜临怒看涵养，群行群止看识见。"

美国著名政治家本杰明·富兰克林说："一个良好的示范，才是最佳的训词。"

习近平总书记讲："人民群众是最实在的，他们不但要听你说得如何，更要看你做得如何。不光要听'唱功'，而且要看'做功'。"①

古今中外学者、领导人物所讲的话语形式虽然不同，但核心内容是相同的，这就是，有责任担当的领导干部会产生巨大的影响力，从而去影响、领导人们去实现领导目标。

第一，领导干部的担当，体现的是责任心。人民群众对具有责任心的领导干部抱以天然的信任感。因为他们相信，一个有责任心的领导干部，遇到事情不会推诿，碰到问题不会搪塞，面对困难不会退缩。他们会在其位，谋其政，履行好自身的职责。

第二，领导干部的担当，展现的是诚信力。诚信，是高尚的人格力量。领导干部的诚信力，可以通过责任担当展现出来。一个有责任担当的领导干部，说话算数，承诺兑现。履行诺言就是他的责任。即使在履行诺言的过程中困难重重，挫折不断，他也会义无反顾地去兑现承诺。这样的领导干部，人民群众愿意追随其后。

（五）责任担当是辉煌事业的基石

人们常用"事业辉煌"来相互祝福。如何才能事业辉煌？我

---

① 转引自《习近平在福州工作期间倡导践行"马上就办"纪实（4）》2015年3月11日中国网。

不否认事业辉煌需要机遇，需要资本，甚至需要伯乐的相助。但同时我也认为，事业辉煌最重要的机遇、最重要的资本、最重要的伯乐，就是责任担当。正如习近平总书记所言："干部就要有担当，有多大担当才能干多大事业，尽多大责任才会有多大成就。"

第一，责任担当与辉煌事业是成正比的。一个人要成就辉煌的事业，年龄不一定是问题，背景不一定是问题，资本也不一定是问题，问题是他能否担当责任。

如果说人生事业的舞台是一个圆的话，那么，"责任担当"就是这个圆的半径。换一句话来讲，是否有责任担当决定着一个人事业舞台的大小，决定着一个人事业舞台的宽窄。领导干部要想铸造强大、宽广的事业舞台，就不能缺少"责任担当"这个半径。

第二，责任担当是不竭动力的源泉。领导干部要成就辉煌的事业，需要有不竭的动力和活力。一个人在一个地区或一个岗位上工作时间较长，或者达到一定的年龄，没有得到提拔重用，容易工作倦怠；一个人无法应对外界超出个人能力和资源的过度要求，在压力的重压下，容易工作倦怠。领导干部如果工作倦怠，会对工作失去应有的热情。工作如果没有了热情，就鼓不起工作的干劲。没有工作的干劲自然做不好工作，更不用说成就辉煌的事业了。如何克服工作倦怠，为工作注入动力、活力，责任担当就是其动力、活力的源泉。只要这种源泉在，你的身上就会有使不完的劲，就会有永不衰竭的工作热情，你对工作也就不会产生倦怠的情绪。即使是面对工作的重压，你也会以饱满的工作激情来变压力为动力，用动力战胜压力，把繁重的工作做好，继而成就辉煌的事业。

二、强化政治责任担当

政治责任,是政治主体在政治生活领域应该做的事情以及没有做好这些事情要受到的谴责和惩处。政治主体,是政治活动的从事者和政治关系的承担者。政治责任与政治主体在政治生活中的角色紧密相连。领导干部作为政治主体的重要组成部分,在政治生活领域承担着重要的责任。所谓领导干部要讲政治,就是对领导干部要承担政治生活领域的责任的另一种表达形式。

(一) 在思想和行动上与党中央保持高度一致

领导干部责任担当的首要一点,是要在思想上和行动上自觉地与党中央保持高度的一致。这样,才能确保党的理论和路线方针政策、党的重大决策部署的贯彻落实。领导干部在思想上和行动上自觉地与党中央保持高度的一致,要把握以下两点:

第一,坚持小道理服从大道理。小道理为什么一定要服从大道理?因为"大道理"是"纲",小道理是"目"。纲举目才能张。汉朝人桓谭在《新论》中说:"举网以纲,千目皆张;振裘持领,万毛自整。"这句话的意思是说,打鱼时,抓住网上的大绳,网眼就张开了;整理皮裘时,抓住领口一抖,毛就理顺了。

"大道理"就是渔网上的"大绳",皮裘的"衣领"。纲举目才能张开,拎持皮裘的衣领,皮裘的毛才能齐整。政治活动中,只有用"大道理"管住"小道理",才能从根本上把握方向和立场。

第二,坚持局部服从全局。局部,是指构成事物整体的各个部分、各个方面及其发展的各个阶段。全局,指事物的整体及其发展的全过程。

古人云:"不谋全局者,不足以谋一域;不谋万世者,不足以谋一时。"这句话说的就是全局和长远的重要性。

关于全局和局部的关系,有这样一个故事:一个捕鸟的人在捕鸟的时候发现,捕一只鸟,其实只用一个网眼。于是,他便用一个网眼去捕鸟。结果,他却一只鸟也没捕到。

故事主人公只看到"网眼"这个局部的作用,而忽视了"网"这个全局的功能。最终让他一无所获。

领导干部观察和处理问题,不能只看局部,而不重视全局。要学会从全局的角度去认识问题、分析问题和解决问题。

《吕氏春秋·察微》曾经记载过这样一件事:春秋的时候,鲁国有一条法规:鲁国人到其他诸侯国去旅行,如果看到有本国的人在那里沦为奴隶，可以自己垫钱把他先赎回来，等回国之后再到官府去报销，并领取一定的奖金。

孔子的学生子贡，在外出旅行的时候，看到有鲁国人在他国做奴仆，便自己掏钱把他给赎出来了。子贡回国之后，却没有去官府报销和领取奖金。

孔子知道这件事情之后，批评了子贡。孔子说："你错了。你去官府报销和领取奖金，并不损害你的品行；而你拒绝到官府报销和领取奖金，则鲁国人以后再不会有人去赎人了。"

按照一般人的看法，子贡自己掏钱赎人而不去官府报销和领取奖金，这是为人仗义、品德高尚的表现。既然如此，他为什么还要受到孔子的批评？让人不解。

原来，子贡之所以受到孔子的批评，是因为在孔子看来，子贡的做法是"为小道而弃大道"。这样做的结果，是以后他人在国外看到鲁国人沦为奴隶，就要对是否垫钱把他赎出来产生犹豫：如果自己垫钱把他赎出来再去官府报销领奖，人们就会说自己不仗义，不高尚；而不去官府报销，自己的损失谁来弥补？于是，多一事不如少一事，他便会假装没看见。

明代的袁了凡在其所著的《了凡四训》中认为，孔子对子贡的批评，是"知人之为善。不论现行而论流弊；不论一时而论久远；不论一身而论天下。现行虽善，而其流足以害人，则似善而实非也。"

在袁了凡看来，孔子的确不愧为一代圣贤。他看事情，不看眼前，而看长远；不看一时，而看一世；不看一身，而看天下。能够透过看似高尚的表象看到深远的负面影响。

应该说，子贡的做法就个人来讲，无疑是正确的，体现了他的仗义、他的高尚。但是，对国家来讲，则是不正确的。因为他从客观上破坏了国家的法律。他个人的"小道理"损害了国家的"大道理"。

这个故事对于当今的领导干部来说，依然有着一定的启迪意义。这种意义是：看问题不能局限于一时一事，必须考虑它对未来会产生什么样的影响；看问题不能局限于一城一地，必须考虑它对全局会产生什么样的结果。不要因为个人的、地方的、部门的"小道理"而破坏国家的"大道理"，"小道理"一定要服从"大道理"。

之所以要强调"小道理"一定要服从"大道理"，是期望领导干部能从国家和人民的根本利益着眼来观察和处理问题；期望领导干部能有严格的组织纪律观念。

强调全局利益的重要，并不是对局部利益的否定。这里有个如何认识和处理全局和局部关系的问题。

全局是由一个个不同层次的局部所组成，全局制约局部，而局部又影响全局。在局部与全局发生冲突时，领导干部要果断地舍弃局部，抓住重点，保证全局；在局部可能导致全局失败时，领导干部又要高度重视局部。

（二）严格遵守党的政治纪律和党的政治规矩

习近平总书记指出："在所有党的纪律和规矩中，第一位的是政治纪律和政治规矩。"

党的政治纪律，是指党在不同历史时期根据党的政治任务的要求，对各级党组织和党员的政治活动和政治行为规定的基本要求。它是党的各级组织和党员在政治生活中所必须遵守的行为准则。政治纪律对于党的团结和统一，对于落实党的路线方针政策，都具有非常重要的意义。

党的政治规矩，是指党的各级组织和党员在党内政治生活中，必须遵守的纪律、优良传统和工作惯例的总称。它包含四个方面的主要内容：一是《中国共产党章程》，这是总规矩；二是党的纪律，这是刚性约束；三是国家法律。中国共产党党员也都是中国公民，因此必须遵循国家法律，不能游离于法律之外；四是党在长期实践中形成的优良传统和工作惯例。习近平总书记曾经指出："党内很多规矩是我们党在长期实践中形成的优良传统和工作惯例，经过实践检验，约定俗成、行之有效，反映了我们党对一些问题的深刻思考和科学总结，需要全党长期坚持并自觉遵循。"

领导干部强化政治责任担当，不仅要在思想上和行动上与党中央保持高度一致，还必须严格遵守党的政治纪律和党的政治规矩。毛泽东同志曾经指出："政治是统帅，是灵魂。""没有正确的政治观点，就等于没有灵魂"。严格遵守政治纪律和政治规矩是遵守党的全部纪律和党内规矩的基础，是坚持党的政治立场、政治原则和政治方向的前提。

领导干部严格遵守党的政治纪律和党的政治规矩，必须在以下几个方面着力：

第一，必须坚决维护党中央的权威。坚决维护中央的权威，就要做到：个人服从党的组织，少数服从多数，下级组织服从上级组织，全党各个组织和全体党员服从党的全国代表大会和中央委员会，坚决反对一切派别组织和小集团活动，反对阳奉阴违的两面派行为和一切阴谋诡计。

"四个服从"，最根本的就是全党服从中央。这就要求党员领导干部从党性原则、人民利益的高度出发，坚决服从中央的统一领导，决不能有令不行，有禁不止，甚至搞独立王国。

第二，必须坚决执行上级党组织的决定。领导干部严格遵守党的政治纪律和党的政治规矩，还必须坚决执行上级党组织的决定。请看刘志丹同志当年是怎样坚决执行党的决定的：

1935年10月，在王明"左"倾冒险主义统治党中央期间，西北根据地内发生了后果十分严重的"肃反"事件。刘志丹也成了肃反的对象。

10月6日，正在前线的刘志丹无意间从瓦窑堡后方领导机关来的一位通讯员的手中接到一封急信。他打开一看，竟是逮捕密令。密令逮捕陕甘边苏维埃政府主席习仲勋和原红二十六军、红二十七军大部分领导人的名单，他被列在第一名。

刘志丹对"左"倾冒险主义者这种迫害同志的卑鄙行径非常痛恨，但是为了不使党分裂，不使红军自相残杀，不给敌人以可乘之机，他决定把个人的安危置之度外。他把信交还通讯员后说："你把信送去，告诉他们，我自己去瓦窑堡了。"

他本想向中共中央驻西北代表团提出申诉，但他来到瓦窑堡之后，竟被"左"倾冒险主义者不容分辩地投入监狱。直到毛泽东、周恩来同志率领中央红军到达陕北根据地，刘志丹同志才重获光明。

当刘志丹伤痕累累地回到家时，他的妻子同桂荣哭着骂"左"倾分子太残酷无情。刘志丹劝她不要伤心，说这是党内矛盾，内部问题，不是敌我矛盾。

同桂荣说："不是敌我矛盾还把好人朝死里整哩……你有刀有枪，为什么不和他们斗争？"

刘志丹严肃地对她说："怎能这样说！这是党内问题。我们红军不能自相残杀。"

同桂荣问刘志丹："那你为甚不跑开，偏要来瓦窑堡。"刘志丹说："当时情况复杂，如果我带大队兵马离开，风声一走漏，军心会大乱。如果在军团部逮捕我,警卫人员会动武。所以我一人骑马离开部队到瓦窑堡与他们进行说理斗争,这就避免了党和军队的分裂,没给敌人以可乘之机。"

他还告诉同桂荣:"党内问题不必性急,要忠诚为党工作,让党在实际行动中鉴定每个党员。大家不要再记前仇,应该想大局,想团结,在党中央的领导下,把革命工作做好,再不要提这回事了。"①

刘志丹真的是坚决执行上级党组织的决定、维护党的团结统一的典范。他明明知道前往瓦窑堡凶多吉少,但为了避免党和军队的分裂,他对上级的决定还是在行动上坚决地服从。

"党员个人服从党的组织,少数服从多数,下级组织服从上级组织,全党各个组织和全体党员服从党的全国代表大会和中央委员会",是《党章》的规定,这种服从是无条件的服从。

组织、多数、上级、中央的决策正确时自然要服从,如果不正确,或不完全正确,怎么办?《党章》规定:"对党的决议和政策如有不同意见,在坚决执行的前提下,可以声明保留,并且可以把自己的意见向党的上级组织直至中央提出。"

这就是说,在行动上必须服从,但可以向上级直至中央反映不同的意见,也可以保留个人的意见。这就是党的政治纪律和党

---

① 王元慎:《妻子心中的刘志丹》,《纵横》,2008年4月16日。

内规矩。

第三，坚决维护党的团结和统一。党的团结和统一是党的生命，是党的力量所在。领导干部严格遵守党的纪律和党的政治规矩，必须做维护党的团结和统一的表率。维护党的团结和统一，对党忠诚老实，言行一致，坚决反对一切派别组织和小集团活动，反对阳奉阴违的两面派行为和一切阴谋诡计，是党的领导干部必须履行的义务和神圣的职责。

团结统一才有力量。不团结、闹分裂，没有好下场，没有好结果。

当年张国焘就是因为与党中央闹分裂，致使红四方面军三过草地，损失严重。原武汉军区副政委任荣曾经回忆说：

"自1935年6月红一、四方面军会师后，党中央决定集中红军主力向北发展，创建川陕甘革命根据地。但张国焘自恃人多枪多，置中央决定于不顾，搞分裂、搞反党阴谋，强令四方面军部队南返，企图在四川、西康两省交界的少数民族聚居地建立根据地……

"行军的第三天，我们蹚过一条一米多深的小河，然后踏上小石山。在路右边的小山崖下，看见躺着许多牺牲的同志，我们只有默默地向他们的遗体告别。由于风雨、泥泞、寒冷的折磨，饥饿的熬煎，高山缺氧的反应，大家的身体越来越弱。不少同志走着走着就倒下去了。有的腿没有力，上不去山坡，一坐下就再也起不来了。加之大部队走后，无力收容救治，使得许多同志长眠在这荒无人烟的草地上。这是张国焘搞分裂造成的恶果。

"事实说明，南下是没有出路的。因为路线的错误，部队屡屡受挫。特别是百丈镇一战的失利，我军伤亡惨重。红军将士以生命的代价，宣告了张国焘南下路线的破产。值得欣慰的是，在党中央的关怀下，红四方面军又三过草地，与红二方面军一同北上，终于重新回到了正确的轨道。

"将军动情地告诉记者：三过雪山草地的经历，让我们深深体会到了离开党的正确领导的滋味。从此以后，我更加坚定了对党的信念，坚定了对革命事业的信念，一生都没有动摇过。"

总而言之，严格遵守党的政治纪律和政治规矩，就要做到"五个必须"，牢记"五个决不允许"：

一是必须维护党中央权威，决不允许背离党中央要求另搞一套，必须在思想上政治上行动上同党中央保持高度一致，听从党中央指挥，不得阳奉阴违、自行其是，不得对党中央的大政方针说三道四，不得公开发表同中央精神相违背的言论。

二是必须维护党的团结，决不允许在党内培植私人势力，要坚持五湖四海，团结一切忠实于党的同志，团结大多数，不得以人划线，不得搞任何形式的派别活动。

三是必须遵循组织程序，决不允许擅作主张、我行我素，重大问题该请示的请示，该汇报的汇报，不允许超越权限办事，不能先斩后奏。

四是必须服从组织决定，决不允许搞非组织活动，不得跟组织讨价还价，不得违背组织决定，遇到问题要找组织、依靠组织，不得欺骗组织、对抗组织。

五是必须管好亲属和身边工作人员，决不允许他们擅权干政、谋取私利，不得纵容他们影响政策制定和人事安排、干预日常工作运行，不得默许他们利用特殊身份谋取非法利益。

这"五个必须"和"五个不允许"是习近平总书记在十八届中央纪委五次全会上对党员干部提出的遵守党的政治纪律和政治规矩的具体要求。

（三）不折不扣全面执行党的纪律和党的规矩

党的领导干部对党的纪律和党内规矩，必须不折不扣地全面执行。不仅要不折不扣执行政治纪律和政治规矩，还要不折不扣地执行以下的纪律和规矩：

第一，党的组织纪律和规矩。党的组织纪律和规矩，是处理党组织之间、党组织同党员之间关系的纪律和规矩，是党维护组织上团结统一的原则与规范。党的组织纪律和规范的核心是自觉地贯彻民主集中制原则。

民主集中制是民主基础上的集中和集中指导下的民主相结合的制度。如果没有民主，易导致专制。专制会使权力弊病丛生，会使政党的生命力衰竭，最后丧失执政地位。

原苏共中央办公厅主任博尔金的一段回忆令人深思。有一次，博尔金看到戈尔巴乔夫正在个人拟定中央委员会成员名单，他突然感到，"在这些纸上已经确定了一场大悲剧的最后几幕"。但是，光有民主，而不讲集中，则又会导致无政府主义。

民主集中制原则，是维护党的团结和统一的制度保障。党的团结和统一不是一团和气，也不是靠行政命令来强制，而是要靠健康健全的民主生活来实现。

《党章》强调："凡属重大问题都要按照集体领导、民主集中、个别酝酿、会议决定的原则，由党的委员会集体讨论，作出决定；委员会成员要根据集体的决定和分工，切实履行自己的职责。"

第二，党的宣传纪律和规矩。党的宣传纪律和规矩，是党对宣传工作规定的工作准则和要求。《党章》规定："党的各级组织的报刊和其他宣传工具，必须宣传党的路线、方针、政策和决议。"《关于党内政治生活的若干准则》也规定："党的报刊必须无条件地宣传党的路线、方针、政策和政治观点。对于中央已经作出决定的这种有重大政治性的理论和政策问题，党员如有意见，可以经过一定的组织程序提出，但是绝对不允许在报刊、广播的公开宣传中发表同中央的决定相反的言论；也不得在群众中散布与党的路线、方针、政策和决议相反的意见。这是党的纪律。"

第三，党的群众纪律和规矩。党的群众纪律和规矩，是指党组织和党员处理与人民群众之间关系的行为规范，这是党处理党群关系的准则。

党的群众纪律要求各级党组织和党的领导干部，必须坚持党的全心全意为人民服务的宗旨，随时随地维护人民群众的利益，不允许以任何借口、任何形式侵占和损害人民群众的利益。在遵守群众纪律和规矩方面，彭德怀给各级领导干部做出了很好的榜样。

彭德怀坦荡无私、清正廉洁、密切联系群众的高尚道德品质是有口皆碑的。他不因自己是首长就搞特殊化，破坏党的群众纪律。他始终把自己置身于群众之中，做人民的公仆。

彭德怀同志没有游历名山大川的习惯，也很少去看戏或看球赛，跳舞更是不去。只有看电影比较喜欢。看的时候，要是专门为他或者少数几个人放映一场，他就要警卫员到处去喊人来看。有一次，没叫来人，彭德怀同志抬起腿来就走，说："以后再看吧！"

1956年夏天的一个下午，彭德怀同志准备去北海公园看看。警卫员小景按警卫部门的规定，把首长到北海公园的事报告给有关部门。

傍晚，彭德怀同志身着便衣，叫汽车在离公园很远的地方停下。到门口一看,一块大牌子上写着"休息",几个干部和公安人员把彭德怀同志迎了进去。

彭德怀同志走进门内没几步就停了下来,问小景:"你搞的什么鬼?"小景也纳闷:怎么公园里看不到几个人?小景没想到,这是他给警卫部门的那个报告引起的后果。彭德怀同志动怒了,小景才隐约地有所察觉,但还想辩解:"牌子上不是写着休息吗?""休息?休息为什么叫我们进来?"彭德怀同志不但冲着小景,也冲着身后的公安人员说:"你们就是叫我脱离群众!你们说,你们是不是把群众赶跑了?"

公安人员回答,他们是奉命闭园来接待首长的。"为什么要这样?我们有什么见不得人的?这么大的一个公园,我们来了,别人就不能来?这种规矩,以后在我们共产党领导的国家里决不能有!"

彭德怀同志说罢,返身走出了公园。

路上,彭德怀同志告诉小景,"我以后再不逛公园了,免得老百姓背后骂我的娘!"

第四,党的保密纪律和规矩。党的保密纪律和规范,是指党的各级组织和全体党员必须遵守的党的保密制度和保密规范。党的保密纪律和规矩,要求各级党的组织和党员、党员领导干部,必须严守党和国家的机密,自觉做到:不该说的机密,绝对不说;不该问的机密,绝对不问;不该看的机密,绝对不看;不该记录的机密，绝对不记录；不在非保密本上记录机密；不在私人通信、微博、微信圈中涉及机密；不在公共场所和家属、子女、亲友面前谈论机密；不在不利于保密的地方存放机密文件资料；不在普通电话、明码电报、普通邮局传达机密事项；不携带机密材料游览、参观、探亲、访友和出入公共场所。请看周恩来同志是怎样遵守党的保密纪律和规矩的：

在我国第一颗原子弹即将爆炸之时，周恩来同志专门把张爱萍和刘西尧等负责人找去，严肃地对他们说："这次试验要绝对保密，除了同试验直接有关的人员外，一律不能让其他人员知道，包括你们的妻子、儿女。邓大姐是我的妻子、党中央委员，因为她的工作同核试验无关，所以我没有告诉她。"

周恩来同志这种以身作则的行为，深深地感动了张爱萍等人。他们回去后，马上把周恩来同志的话原原本本地向试验现场的全体人员作了传达，出色地保住了核试验的机密。

周恩来同志的办公室，订有非常严格的保密制度，除有关人员外，任何人不许擅自入内。他办公室上和保险柜的钥匙平时总是装在衣兜里，睡觉时便压在枕头下，几乎一时一刻不离身。只有在出国时，才把钥匙交给邓颖超同志收藏。

有一次，周恩来同志出国访问，因为行前匆忙，到机场后才发现钥匙在衣袋里。他马上用一个信封把钥匙密封好，托一个可靠的同志带给邓颖超。

当他归国时，与邓颖超见面的第一件事，就是要回那两把钥匙。

十年动乱期间，我们党和国家的保密制度被破坏殆尽。可是，周恩来同志仍然严守党和国家的机密，从未向任何人透露过只言片语，即使是自己的家人，他也是守口如瓶，滴水不漏。

1982年6月，在中国共产党诞生61周年的前夕，邓颖超同志曾深有感触地说，周恩来同志是"我亲眼看到的一个始终严格遵守党的保密纪律的共产党员"。

严格执行党的保密纪律和规矩，是每一位党的领导干部的义务和责任。党和国家的秘密，关系到党和国家的安全。如果不注意保守党和国家的秘密，不仅会给党和国家带来不应有的损害，自己也会因此而受到相应的处罚。《中华人民共和国保守国家秘密法》第三十一条规定："违反本法规定，故意或者过失泄露国家秘密，情节严重的，依照刑法第一百八十六条的规定追究刑事责任。"

第五，党的财经纪律和规矩。党的财经纪律和规矩，是指党员领导干部在财政和经济工作中必须遵守的行为准则。它包括不准用公款请客送礼、严禁侵占和骗取国家资财等内容。

毛泽民同志是一丝不苟地执行党的财经纪律和规矩的典范。毛泽民同志是毛泽东同志的弟弟，加入中国共产党后一生为革命理财，在担任闽赣省苏维埃财政部长时，执行财经纪律和规矩一丝不苟。

有一次，当时担任黎川县县委书记的方志纯同志请省委几名来检查工作的领导同志吃了一碗米粉肉，多花了五六角钱，报账时毛泽民同志就严肃地指出，现在是战争时期，我们不能乱花一个铜板，领导干部更要带头艰苦奋斗，并且决定从方志纯同志的伙食费中扣除这笔请客多花的钱。

1934年，当毛泽民同志接到命令，奉调将回中央革命根据地之前，闽赣省委的几位领导同志想请他吃顿便饭饯行，毛泽民同志却十分坚决地说："不行，不能搞！"由于他一丝不苟地模范执行党的财经纪律和规矩，带头艰苦奋斗，使得闽赣省的财经工作在极为困难的条件下搞得很活跃。

毛泽民同志的确是遵守党的财经纪律和规矩的典范，值得我们各级领导干部好好学习。党的财经纪律和规矩是广大党员干部在经济活动中的行为规范，是遵纪守法所不可缺少的重要内容。

我们每一位党员干部都要像毛泽民同志学习，以对国家、对党、对人民负责的精神，严格遵守党的财经纪律和规矩，不乱花国家的"一个铜板"。

（四）在大政方针下去思考谋划开展具体工作

领导活动是由一系列具体工作构成的。如何思考、谋划、开展具体工作？并使具体工作不偏离正轨？答案是，在大政方针下去思考、谋划和开展具体工作。

所谓大政方针，就是党的理论、路线、方针和政策；就是党和国家工作的大局；就是最广大人民群众的根本利益。

领导干部在大政方针下去思考、谋划和开展具体工作，应该在以下几个方面着力：

第一，对大政方针要了然于胸。对党和国家的大政方针要了然于胸，是领导干部在大政方针下去思考、谋划和开展具体工作的前提条件。因此，领导干部要深入学习、正确领会党和国家的大政方针。

党和国家的大政方针具有鲜明的时代特色和很强的现实指导意义，深入学习党和国家的大政方针政策，能够确保形成的发展思路符合当前形势的要求，符合上级的政策规定。

第二，对全局形势要科学判断。科学判断全局形势是我们党制定和执行正确的路线、方针、政策的基本依据，是正确思考、谋划和开展具体工作的重要基础。只有科学判断全局形势，领导决策才能建立在科学的基础之上。20世纪80年代中期，邓小平同志科学判断了"和平与发展是时代的主题"这一世界形势，据此制定了一心一意谋发展，聚精会神搞建设的科学决策。

第三，对具体工作要准确把握。领导干部科学判断全局形势，为其思考、谋划和开展具体工作找到了正确的方向。在方向正确的基础上，领导干部还需要准确把握具体工作。准确把握具体工作，就是要使具体工作不仅符合党和国家的大政方针，还要符合客观实际情况。

三、强化深化改革责任担当

2014年1月22日在中共中央全面深化改革领导小组第一次会议上习近平总书记强调:"要强化改革责任担当,看准了的事情,就要拿出政治勇气来,坚定不移干。"领导干部强化全面深化改革责任担当,必须要坚定全面深化改革的必胜信心、培养全面深化改革的政治勇气、增强全面深化改革的政治定力。

(一)坚定全面深化改革的必胜信心

全面深化改革的大幕已经拉开。全面深化改革的总目标是完善和发展中国特色社会主义制度,推进国家治理体系和治理能力现代化。

完善和发展中国特色社会主义制度,推进国家治理体系和治理能力现代化,不可能一蹴而就。其过程必定是艰难而卓绝的。正如习近平总书记所指出的:"在中国这样一个拥有13亿多人口的国家深化改革,绝非易事。中国改革经过30多年,已进入深水区,可以说,容易的、皆大欢喜的改革已经完成了,好吃的肉都吃掉了,剩下的都是难啃的硬骨头。这就要求我们胆子要大、步子要稳。胆子要大,就是改革再难也要向前推进,敢于担当,敢于啃硬骨头,敢于涉险滩。"面对如此艰难的全面深化改革,要求领导干部坚定全面深化改革的必胜信心。

关于必胜信心的作用,孙中山先生有过精辟之论。他说:"吾心信其可行,则移山填海之难,终有成功之日;吾心信其不可行,则反掌折枝之易,亦无收效之期也。心之为用大矣哉!夫心也者,万事之本源也。"① 这就是说,信心非常重要,是万事成功的根本。当然,我们的信心不是盲目的自信,而是基于客观事实的自信。

第一,改革开放的成功实践为全面深化改革提供了重要的经验。1978年12月18日至22日中共十一届三中全会在北京召开。党的十一届三中全会开启了改革开放的历史新时期。

自改革开放以来,我国经济社会发展取得了巨大的成就:经济实力、综合国力显著增强,经济社会结构明显改善,人民生活从温饱不足发展到总体小康,国际影响力大幅度提升。

改革开放之所以能取得巨大的成就,就在于改革开放能够

---

① 《建国方略·孙文学说》(1917—1919年),载《孙中山全集》第6卷第158—159页,中华书局1981年版。

"坚持党的领导，贯彻党的基本路线，不走封闭僵化的老路，不走改旗易帜的邪路，坚定走中国特色社会主义道路，始终确保改革正确方向；坚持解放思想、实事求是、与时俱进、求真务实，一切从实际出发，总结国内成功做法，借鉴国外有益经验，勇于推进理论和实践创新；坚持以人为本，尊重人民主体地位，发挥群众首创精神，紧紧依靠人民推动改革，促进人的全面发展；坚持正确处理改革发展稳定关系，胆子要大、步子要稳，加强顶层设计和摸着石头过河相结合，整体推进和重点突破相促进，提高改革决策科学性，广泛凝聚共识，形成改革合力。"① 这是30多年来改革开放取得成功的重要经验。这一重要的经验，会为全面深化改革提供有益的指导。

第二，《中共中央关于全面深化改革若干重大问题的决定》为全面深化改革制定了行动纲领。2013年11月12日中国共产党第十八届中央委员会第三次全体会议通过的《中共中央关于全面深化改革若干重大问题的决定》（以下简称《决定》）为全面深化改革制定了行动的纲领。有了这个行动纲领，全面深化改革就有了前进的方向，就有了行动的目标。

《决定》阐明了全面深化改革的重大意义和指导思想，提出

---

① 《关于全面深化改革若干重大问题的决定》，2013年11月15日新华网。

了"建立公平开放透明的市场规则"、"深化医药卫生体制改革"、"创新有效预防和化解社会矛盾体制"等60个具体的深化改革任务,这是全面深化改革的出发点和落脚点。明确和把握了全面深化改革的出发点和落脚点,其行动就不会盲目。在明确目标措施的指引下,全面深化改革必定会顺利地实施,并取得成功。

(二) 培养全面深化改革的政治勇气

全面深化改革是一个系统工程。这项系统工程的实施,毫无疑问,会困难重重。会触及诸多利益矛盾,会面临和承受许多压力,包括责难。这就需要领导干部培养全面深化改革的政治勇气。

习近平总书记要求领导干部"拿出政治勇气来"。要"拿出政治勇气",需要有政治勇气,没有政治勇气,谈何拿出政治勇气。因此,领导干部强化全面深化改革责任担当必须要培养政治勇气。培养政治勇气,需要从以下两方面着眼:

第一,培养浩然正气。领导干部强化政治勇气,首先要培养浩然正气。正气,是指正大光明、公正无私的作风或风气;正直坦荡、刚正不阿的气节;坚持真理、坚持正义的精神品质。

浩然正气是一种崇高的精神境界,是一种惊天地、泣鬼神的品格和节操。

历史经验告诉我们,具有浩然正气的人和群体,呈现的是勃勃的生机；而那些为邪气所缠绕的人和群体，显现的则是日薄西山的衰落。因此，我们中华民族自古以来就有重视浩然正气养成的深厚传统。

在我国，最早提出浩然正气的是生于两千多年前的孟子。孟子认为，浩然正气是最伟大，最刚强的。一个人如果有了"至大至刚"的浩然正气，就可以立于天地之间而无所愧作，无所畏惧。而浩然正气的养成不是偶然获得的，是长期培养的结果，并且不能有丝毫的懈怠与疏忽。即使是一次不良的行为，也会使浩然正气丧失殆尽。

孟子还认为，对于一个人来说，浩然正气的主要表现就是："富贵不能淫，贫贱不能移，威武不能屈。"意思是说，富贵不能使他的心惑乱，贫困不能使他的节操改变，威武不能使他的意志屈服。

第二，培养奉献精神。培养政治勇气，还需要培养奉献精神。这里讲的奉献精神，是为全面深化改革心甘情愿地付出，而不求任何回报。

林则徐说过："海纳百川，有容乃大；壁立千仞，无欲则刚。"既然能够"心甘情愿地付出，而不求任何回报"，即"无欲"，自然会生出政治勇气来。

如何奉献？前人给我们作出了很好的榜样。他们兢兢业业、勤勤恳恳，竭尽全力地为党和人民工作，不惜奉献自己的全部精力,直到生命的最后一刻,"鞠躬尽瘁,死而后已";他们像春蚕一样,心甘情愿地为了党和人民的事业奉献出自己的全部,"甘作春蚕吐尽丝";他们为了党和人民的事业,为了人民的生命财产,不惜奉献自己的鲜血和生命,"我以我血荐轩辕"。

四川南江县纪委书记王瑛就是甘于奉献的典范。1997年12月,在市委机关有着很好发展前途的王瑛,向组织申请到距家70多公里外的国家级贫困县南江工作。

我曾经去过南江,那是一个国家级贫困县,山路崎岖,条件很是艰苦。王瑛就在这个艰苦的环境中用她有限的力量、短暂的生命,鞠躬尽瘁地为南江人民服务。

王瑛经常说:"办理损害群众利益的案件是重点,只要老百姓有反映,我们就要查个水落石出。"

2005年5月,一封匿名举报信摆到王瑛的案头。信中反映县水利局副局长周某等人采取非法手段套取水保资金并私分。经查实,周某、彭某等人三次采用虚增水保项目,从中共套取水保金58万元并私分。

对此案的查处,有人在会上提出:"这是专项资金个案,会影响南江的项目争取。还是大事化小、小事化了。""国家的专项资金是用来为人民谋福利的,不是给个人谋利的,必须严办!"王瑛态度坚决。

最终,周某、彭某被开除党籍、公职,受到了法律的制裁。

2006年7月下旬,王瑛被检查出患有肺癌。在重庆的一家医院刚刚做完第三个疗程的化疗,她就匆匆返回到她心爱的纪检工作岗位。

2007年1月,在调查南江一国有资产出让的案件中,初步核查发现县经商委原主任违规出让,涉嫌受贿。王瑛组织人员深挖细查,有人给她打电话恐吓说:"你生了病,要为自己留条后路,你就安心养病吧,少找气怄!"但她没有理会,依然将主犯及两名同案犯移送司法机关依法处理。

2008年11月27日,47岁的王瑛倒在了工作岗位上。此时,她在南江这个国家级贫困县已经整整工作了11个年头。

(三) 增强全面深化改革的政治定力

政治定力,是指领导干部在思想上政治上排除各种干扰、消除各种杂音,坚持正确立场、保持正确方向的能力。领导干部强化全面深化改革责任担当,必须增强政治定力。增强了政治定力,才能不为喧嚣而困、不为是非而惑、不为名利而动。领导干部增强全面深化改革的政治定力,要从以下几方面着眼:

第一,坚定全面深化改革的决心。全面深化改革是党在新的历史条件下带领全国各族人民进行的一场新的伟大的革命,是当代中国最鲜明的特色。全面深化改革能为全面建成小康社会,进而建成富强民主文明和谐的社会主义现代化国家、实现中华民族伟大复兴的中国梦提供强大的动力和有力的保障。全面深化改革是党和人民事业大踏步赶上时代的重要法宝。全面深化改革关系到党和人民事业前途命运、关系党的执政基础和执政地位。因此，各级领导干部一定要坚定全面深化改革的决心。有了这一决心，才能有全面深化改革的政治定力。

第二，坚定道路自信、理论自信、制度自信。全面深化改革的总目标是完善和发展中国特色社会主义制度，推进国家治理体系和治理能力现代化。因此，坚定道路自信、理论自信、制度自信就是强化全面深化改革政治定力的题中应有之义。

坚定"道路自信"，关键在于深刻认识和自觉把握中国特色社会主义道路的内涵与实质。十八大报告指出："道路关乎党的命脉，关乎国家前途、民族命运、人民幸福。"中国特色社会主义道路，就是在中国共产党的领导下，立足基本国情，以经济建设为中心，坚持四项基本原则，坚持改革开放，解放和发展社会生产力，建设社会主义市场经济、社会主义民主政治、社会主义先进文化、社会主义和谐社会、社会主义生态文明，促进人的全面发展，逐步实现全体人民共同富裕，建设富强民主文明和谐的社会主义现代化国家。

坚定"理论自信"，关键在于深刻认识和自觉把握中国特色社会主义理论体系的逻辑与特点。中国特色社会主义理论体系，就是包括邓小平理论、"三个代表"重要思想、科学发展观在内的科学理论体系，是对马克思列宁主义、毛泽东思想的坚持和发展。

坚定"制度自信"，关键在于深刻认识和自觉把握中国特色社会主义制度的本质与规律。中国特色社会主义制度，就是人民代表大会制度的根本政治制度，中国共产党领导的多党合作和政治协商制度、民族区域自治制度以及基层群众自治制度等基本政治制度，中国特色社会主义法律体系，公有制为主体、多种所有制经济共同发展的基本经济制度，以及建立在这些制度基础上的经济体制、政治体制、文化体制、社会体制等各项具体制度。

十八大报告指出："中国特色社会主义道路是实现途径，中国特色社会主义理论体系是行动指南，中国特色社会主义制度是根本保障，三者统一于中国特色社会主义伟大实践，这是党领导人民在建设社会主义长期实践中形成的最鲜明特色。"

第三，坚定咬定青山不放松的劲头。"咬定青山不放松，立根原在破岩中。千磨万击还坚劲，任尔东南西北风。"这是郑板桥的一首诗。领导干部增强全面深化改革的政治定力，必须培养"咬定青山不放松"的劲头。

全面深化改革，会面临着各种各样的矛盾、各种各样的困难，甚至是各种各样的责难。面对矛盾、困难、责难，必须"咬定青山不放松"，"任尔东南西北风"。正如十八大报告所展望的：

"只要我们胸怀理想、坚定信念,不动摇、不懈怠、不折腾,顽强奋斗、艰苦奋斗、不懈奋斗,就一定能在中国共产党成立一百年时全面建成小康社会,就一定能在新中国成立一百年时建成富强民主文明和谐的社会主义现代化国家。"

四、强化执政为民责任担当

全心全意为人民服务是中国共产党的根本宗旨,执政为民,就是这一根本宗旨的集中体现。执政为民也是评价、检验中国共产党一切执政活动的最高标准。领导干部作为党的执政骨干,责无旁贷地应该担当起执政为民的责任。领导干部要担当起执政为民的责任,必须强化执政为民的责任担当。

(一) 确定正确的执政理念

执政理念是执政主体全部执政活动的价值取向。它是指导执政主体执政活动的"根本原则"。领导干部强化执政为民的责任担当,首先要以正确的执政理念来作为指导。有了正确的执政理念,才会有正确的执政行为。

2014年2月7日,习近平总书记在俄罗斯索契接受俄罗斯电视台专访时,回答了主持人布里廖夫的提问。

布里廖夫问:"请问您的执政理念是什么?"习近平总书记回

答:"我的执政理念,概括起来说就是:为人民服务,担当起该担当的责任。"

作为党的执政骨干的领导干部,党的性质和宗旨决定了其执政理念必须是"执政为民"。执政为民的执政理念,规范了以下四个问题:

第一,人民是权力的主体。马克思主义认为,在社会主义国家里,一切权力属于人民,领导干部是人民权力的委托行使者,而不是权力的所有者。

《中华人民共和国宪法》第一章第二条明确规定:"中华人民共和国的一切权力属于人民。"中国共产党执政、领导干部执政,都源于人民授权。

当年,有个美国记者曾问毛泽东:"你们办事,是谁给的权力?"毛泽东回答:"人民给的。""人民要解放,就把权力委托给能够代表他们的、能够忠实地为他们办事的人,这就是我们共产党人。"[①]

毛泽东同志的这段话有两层含义,一是说,中国共产党人的一切权力都是人民委托给我们的,我们党自己没有权力。二是说,人民之所以把权力委托给我们,是因为我们共产党人能够代

---

① 毛泽东:《抗日战争胜利后的时局和我们的方针》,《毛泽东选集(第四卷)》,人民出版社,1991年6月版,第1128页。

表他们的利益和要求、能够忠实地为他们办事。

这些话表述的都是领导干部手中的权力是人民授予的,"人民是权力的主体"。

为什么说人民是权力的主体,简单说来,一句话:党的执政地位,是通过革命斗争获得的,归根结底,是在人民群众的支持下得到的。毛泽东同志说过:"枪杆子里面出政权。"但是没有人民群众的支持,枪杆子里面也是出不了政权的。当年,老区人民是"最后一粒粮,拿去缴公粮;最后一床被,盖在担架上;最后一个儿女,送到咱队伍上"。

人民群众为什么把最珍贵的东西"送到咱队伍上",就是因为他们相信共产党能够执政为民,能够为他们办事,为人民群众谋利益。

第二,权力要为人民所用。谁授权,就要对谁负责,就要为谁服务,这是政治学的一条普遍原理,也是权力运行的一条基本法则。

领导干部的权力既然是人民授予的,就应该对人民负责,为人民服务,而不能用这种权力去牟取私利。

"权为民用",一切权力为了人民,是中国共产党人权力观的本质,是正确权力观的价值取向。

中国共产党的一切权力来自人民,一切权力为了人民,这是中国共产党作为工人阶级执政党坚定不渝的执政理念,也是执掌国家公共权力的各级党的领导干部应该具有的不可动摇的执政信仰。

第三，权力要受人民监督。权力的实质是一种强制力量。这一特点决定了权力行使的两种截然相反的结果：用好了可以为民造福，用不好则会祸及百姓。为了防止权力的滥用，有必要对权力实行有效的监督和制约。领导干部的权力既然是人民赋予的，这种权力的使用，就要受到人民的有效监督。

第四，权力就是责任。在领导活动中，权、责、利三者是统一的。有其权，享其利，就要负其责。而不能只是拥有权力、享受利益而不负责任。在春秋时期，曾经发生过这样一个故事：

晋国有个狱官，名叫李离。李离因为审错了案而杀了人。于是，他就把自己判了死刑。

案情报到了晋文公那里。晋文公对他说："官职有贵贱之分，刑罚有轻重之别，你可以把责任推给下属呀！"

李离回答说："我做狱官时，未曾将官位让给下属，现在错判杀人，却推给下属，这是我所不齿的。"最后，李离自杀身亡。

李离深知，权力意味着责任。因此，当他因为审错了案而杀了人时，他便主动承担起负罪的责任，最后用生命来殉自己的责任。

一个封建时代的官吏尚且知道权力就意味着责任，作为党的执政骨干的领导干部更应该明确这一点。

领导干部的责任，就是要向人民负责。向人民负责，就必须对人民有着无比热爱的感情，对人民有着强烈的责任感和使命感，从而把人民赋予的权力化作为人民服务的责任，化作为人民谋利益的动力，有效地避免把权力看作炫耀的资本，当作谋取私利工具的观念。

《关于进一步激励广大干部新时代新担当新作为的意见》要求，要"教育引导广大干部不负党和人民重托，以守土有责、守土负责、守土尽责的责任担当，在其位、谋其政、干其事、求其效，努力作出无愧于时代、无愧于人民、无愧于历史的业绩。"

（二）把握科学的执政方式

执政方式，是执政党执掌、控制和运用国家政权的途径、形式、手段和方法的总称。它涉及执政党和国家政权的关系问题。

中国共产党领导中国人民经过浴血奋战革命取得了国家政权。事实上，夺取政权不易，巩固政权、运用好政权争取长期持续执政更难。这就需要执政者按照执政规律来执掌国家政权。

第一，科学执政。权力运行是有规律的。科学执政，就是要按照权力运行的规律来行使权力。它强调的是执政要合乎规律性。

执政要合乎规律性，就要理顺党政关系，科学界定执政党与国家公共权力的不同职能。理顺党政关系，科学界定执政党与国家公共权力的不同职能是科学执政首要而基本的问题。

党的领导主要是政治、思想和组织领导。党要善于使党的主张通过法定程序成为国家意志,支持人大及其常委会充分发挥国家权力机关作用,依法行使立法、监督、决定、任免等职权。

执政要合乎规律性,就要构建和谐高效良性互动的党政关系体制。科学界定执政党与国家公共权力的不同职能,为党的执政方式科学化提供了必要条件,但仅此还不够,还必须着力构建和谐高效良性互动的党政关系体制。"构建和谐高效良性互动的党政关系体制以发挥党的领导与人民民主国家政权的整体制度优势,才是党的执政方式科学化的充分条件,才是改革完善党的执政方式的根本目的。"①

执政要合乎规律性,就要以制度来有效规范约束权力。有效规范约束权力,是执政方式科学化的逻辑起点。要有效规范约束权力,必须建立健全制度机制。建立结构合理、配置科学、程序严密、制约有效的权力运行机制,从决策和执行等环节加强对权力的监督,保证把人民赋予的权力真正用来为人民谋利益。

第二,民主执政。党的权力来自人民授予。因此,民主执政,是党执政的题中应有之义。民主执政,就是坚持为人民执

---

① 张志明:《党的执政方式科学化的历史突破》,《学习时报》,2013年1月18日。

政、靠人民执政，支持和保证人民当家做主。它的核心问题是正确认识和处理执政党和人民群众的关系。

民主执政，要改革和完善权力授予机制，健全选举制度。党的干部是人民的公仆，公仆要具有合法性，需要人民的授权。换一句话讲，就是党员和人民群众对党的领导干部的选拔任用享有发言权、决定权。但现实状况却是发言权、决定权掌握在少数人的手里，干部的选拔任用是变相的任命制。正因为如此，买官卖官的问题在有些地方和部门是相当的严重。

例如，中央纪委监察部网站2015年2月16日透露，全国政协原副主席苏荣严重违纪违法被开除党籍和公职。

中纪委通报称，苏荣身为党的高级领导干部，无视党的政治规矩，严重违反组织纪律，大肆卖官鬻爵，带坏了干部队伍，败坏了社会风气；自身严重腐败，并支持、纵容亲属利用其特殊身份擅权干政，谋取巨额非法利益，严重破坏了党内政治生活，损害了当地政治生态，性质极其严重，影响十分恶劣。

其实，不仅仅是苏荣，李春城等落马官员都有买官卖官的问题，而且也是相当的严重。

要解决这些问题，必须改革完善权力授予机制，让人民群众在选举中有所作为。

"一般说来，选举是民主政治中执政党获取合法性最为有效的途径"。① 选举制有利于选举人自由、真实地表达自己的选举意愿和要求。公共权力通过这种方式授予，人民群众才能对公共权力的授予者即领导干部有较强的认同感和信服感，政党执政才更具合法性。

民主执政，要改革和完善权力运行方式，健全权力监督机制。没有制约、监督的权力，不受制约、监督的权力，必然导致腐败，最终祸国殃民。因此，要坚持用制度管权管事管人，保障人民的知情权、参与权、表达权、监督权。这是权力正确运行的重要保证。

要保障人民的知情权、参与权、表达权、监督权，权力的运行就要公开化，在阳光下运行。

第三，依法执政。执政党对于国家公共权力的行使是不能随意的，它必须遵从法治的要求，依法执政。依法执政，就是加强党对立法工作的领导，善于使党的主张通过法定程序成为国家意志，从制度上、法律上保证党的路线方针政策的贯彻实施。

依法治国的核心是依法执政，依法执政的关键是党的执政方式要法治化。法治是治国理政的基本方式。

依法执政，要加强党对立法工作的领导。实现执政方式的法

---

① 吴家庆、彭正德：《中国共产党执政方式的历史考察与思考》，载《当代世界与社会主义》，2004（2）。

治化，首先要坚持党对立法工作的领导。"善于使党的主张通过法定程序成为国家意志，善于使党组织推荐的人选通过法定程序成为国家政权机关的领导人员，善于通过国家政权机关实施党对国家和社会的领导。"①

依法执政，执政党要在宪法和法律的范围内活动。党领导国家权力机关和人民群众制定宪法和法律，确保通过法定程序使党的主张变为国家意志，同时，也要使自己的执政活动限制在宪法和法律的范围之内。这就是说，党也是受宪法和法律所制约的对象，不得享有超越宪法与法律的特权。对此，《中共中央关于全面推进依法治国若干重大问题的决定》强调要求："任何组织和个人都必须尊重宪法法律权威，都必须在宪法法律范围内活动，都必须依照宪法法律行使权力或权利、履行职责或义务，都不得有超越宪法法律的特权。必须维护国家法制统一、尊严、权威，切实保证宪法法律有效实施，绝不允许任何人以任何借口任何形式以言代法、以权压法、徇私枉法。必须以规范和约束公权力为重点，加大监督力度，做到有权必有责、用权受监督、违法必追究，坚决纠正有法不依、执法不严、违法不究行为。"

依法执政，要提高党的领导干部依法执政的素养和能力。依

---

① 《中共中央关于全面推进依法治国若干重大问题的决定》，新华网，2014年10月29日。

法执政,最终要落到实践层面。党的领导干部是把依法执政最终落到实践层面的组织者、推动者和践行者,这种责任的担当、完成,必须具有较强的依法执政的素养和能力。有了这种素养和能力,才能尊重宪法和法律的权威,捍卫宪法和法律的尊严;有了这种素养和能力,才能依法行政,依法管理,依法决策,依法办事。

(三)全心全意为人民服务

全心全意为人民服务,是中国共产党人的人生最高追求,也是执政为民的出发点和落脚点。所谓"全心全意",就是投入自身的全部精力,没有任何一点保留。

1956年11月17日,邓小平同志在接见国际青年代表团时,对他们提出的"中国共产党员的含义是什么"这一问题,作了这样的回答:

"中国共产党员的含义或任务,如果用概括的语言来说,只有两句话:全心全意为人民服务,一切以人民利益作为每一个党员的最高准绳。他的目的是实现社会主义、共产主义。"

邓小平的话深刻地揭示了共产党人的人生价值观的核心。全心全意为人民服务,无论是过去,还是现在,抑或是未来,都应该也必须是每一位党员领导干部的人生最高追求。

中国共产党是最广大人民群众利益的忠实代表。这种代表的人民性决定了中国共产党必然要把全心全意为人民服务作为自己的根本宗旨。

从根本上来讲，中国共产党是为了适应广大劳苦大众翻身解放过上幸福生活的需要而诞生的。这也是党的存在和奋斗的全部意义。既然这是党的存在和奋斗的全部意义，那么，全心全意为人民服务就是她的出发点。正如毛泽东同志在《论联合政府》一文中所讲的："全心全意地为人民服务，一刻也不脱离群众；一切从人民的利益出发，而不是从个人或小集团的利益出发，向人民负责和向党的领导机关负责的一致性，这些就是我们的出发点。"

第一，把为人民服务作为"座右铭"。座右铭，原本是一种训诫铭文。古人把它刻在器物上，放在座位的右边，以警戒自己的言行。后来，人们把指导、规束自己行为的准则、言论等，也称之为"座右铭"。

1924年4月，爱国将领冯玉祥之子冯洪国出国留学时，冯玉祥在儿子笔记本的扉页上书写了一副对联，赠给他作为座右铭："欲除烦恼须无我，历经艰险好做人。"

毛泽东同志当年在学校读书时，他曾经以"不谈金钱，不谈身边琐事，不谈妇女"作为自己的座右铭。因为这"三不"，毛泽东被学友们誉为"身无分文，心忧天下"。

尽管不同价值追求的人，有着不同的座右铭。但全心全意为人民服务，为人民奉献自己的全部精力，则应该是每一位党员领导干部的座右铭。

党员领导干部以此来作为"座右铭"，就是时时刻刻来提醒自己，我是一位党员领导干部，践行党的宗旨，全心全意为人民服务是我的责任。

据新华出版社 2006 年出版的《家风》一书披露，老一辈无产阶级革命家李先念，就是把"为人民服务"当做座右铭的，而且他还在"为人民服务"前面加上"老老实实"四个字。

纵观李先念的一生，就是"老老实实为人民服务"的一生。他心中始终装着人民群众，把人民的冷暖始终放在心上。

湖北武汉的李次民先生曾经在 2012 年 4 月 19 日的《快乐老年报》上发表过一篇回忆李先念同志的文章。文章说：

"李先念是湖北红安人。我曾两次跟着李先念到过红安。1964 年 4 月，他在武汉主持召开中南地区财经工作会议后，回到红安老家，挨家挨户问寒问暖。当他看到一个革命老战士的遗孀，吃的饭是白菜加点玉米粉时，话都说不出来，走出厨房自责道：'老百姓生活这么苦，我有责任啊！'

"晚上回到县城招待所看到餐桌上摆着五菜一汤，盛着鸡鸭鱼肉，李先念顿时板着面孔，批评准备陪他进餐的县委书记和正副县长，说：'办这么多菜招待我，我能忍心吃吗？'他叹了口气，接着说：'刚才你们随我到了乡下，老百姓过着怎样的日子

啊？我很难过和不安。希望大家不要老坐在办公室发号施令，要经常下去走走看看，一定要为老百姓多办实事！'

"那些菜，李先念没有动，而是让炊事员给他下了一碗清汤面吃了。"

在纪念李先念同志诞辰100周年座谈会上，胡锦涛同志讲过这样一段话："李先念同志始终与人民群众同呼吸共命运，表示'一个共产党员，一个革命家，必须永远保持革命热情和奋斗精神，把为人民服务，把改造客观世界，当成自己的天职和应尽的义务'。"他号召全党同志，要"学习李先念同志立党为公、执政为民、全心全意为人民服务的公仆精神"。

第二，心中装着人民群众。践行党的宗旨，全心全意为人民服务，强化执政为民的责任担当，心中就要装着人民群众，把人民的安危冷暖记在心头；就要了解人民群众的诉求，了解人民群众的疾苦。想人民群众之所想，急人民群众之所急，其一言一行都要符合最广大人民群众的根本利益。《党章》总纲明确要求，共产党人要全心全意为人民服务，并明确指出："党除了工人阶级和最广大人民群众的利益，没有自己特殊的利益。党在任何时候都把群众利益放在第一位，同群众同甘共苦，保持最密切的联系，坚持权为民所用、情为民所系、利为民所谋，不允许任何党员脱离群众，凌驾于群众之上。党在自己的工作中实行群众路线，一切为了群众，一切依靠群众，从群众中来，到群众中去，把党的正确主张变为群众的自觉行动。"

这是对党的宗旨的完整、科学的表述，是对党员领导干部的具体、明确而根本的要求。

优秀共产党员、模范基层干部、人民的好村官沈浩同志，就是心中装着人民的人。

小岗村的群众说："沈浩时刻都惦记着我们老百姓，谁家有个难事、急事，他心里都有一本账。有困难，找沈浩！是我们遇到困难时常说的话。"

小岗村的人们还记得这样一件事情：2005年夏天的一个夜晚，雨下得特别大。沈浩马上想到了徐庆山一家，还住在三间危房里。

他立即从床上爬起来，摸了把雨伞就往外冲。一路上，天又黑，路又滑，深一脚，浅一脚，鞋子陷到泥里拔不出来，他干脆光着脚，一口气跑到徐庆山家。一进门，看见屋里到处漏雨，房顶上的泥灰"哗啦、哗啦"直往下掉。

沈浩跑到床边，急忙把孩子抱在怀里，连声招呼还在发愣的徐庆山两口子："还不快走。"折腾了大半夜，才把徐庆山一家安顿好。

如果沈浩心中没有装着人民，他在暴雨的夜晚不会想到徐庆山一家；如果他心中没有装着人民，他不会冒着生命危险，冲向徐庆山家。正因为他心中装着人民，他才能救徐庆山一家于危难。

第三，提高为人民服务的本领和水平。领导干部全心全意为人民服务，不仅要心中装着人民，把人民的冷暖挂在心上，还要提高为人民服务的本领和水平，让人民群众满意。

领导干部全心全意为人民服务的水平用什么标准来衡量？其衡量标准就是邓小平同志所说的："人民拥护不拥护"、"人民赞成不赞成"、"人民高兴不高兴"、"人民满意不满意"。

这就是说，领导干部为人民服务就是要以人民群众拥护、赞成、高兴、满意为标准。

人民群众拥护了、赞成了、高兴了、满意了，领导干部的"服务"就达到了水平。反之，就没有达到"服务"的目的。

沈浩同志为什么能得到小岗村群众的爱戴、拥护与支持？就在于他不仅能全心全意为人民服务，而且还有着很高的全心全意为人民服务水平。

他是怎样提高全心全意为人民服务水平的呢？这是跟他善于向书本学习、向实践学习、向人民群众学习分不开的。请看下面的文字片段：

小岗村的群众回忆说："为了寻求小岗加快发展的良方，沈浩一到小岗村就扎进了村民中间，用了30多天的时间，把全村108户跑了个遍。""为把小岗这块金字招牌擦得更亮，沈浩请来了省城的专家，在广泛征求群众意见的基础上，制订出了'发展现代农业、开发旅游业、招商引资办工业'的三步走发展战略。"

他的同窗好友还回忆说:"在校期间沈浩学习非常勤奋刻苦,1984年深秋的一个夜晚,学校寝室教室的灯都已经熄了,我为了第二天开展活动的事寻找沈浩,在宿舍我看到了他,微弱的灯光下沈浩穿着单薄的衣服正在聚精会神的看书,谈完事情我劝他早点回去休息,他坚持说再看一会儿。"这就是答案。

五、强化依法治国责任担当

2014年10月23日中国共产党第十八届中央委员会第四次全体会议通过了《中共中央关于全面推进依法治国若干重大问题的决定》(以下简称《决定》)。《决定》指出:"党员干部是全面推进依法治国的重要组织者、推动者、实践者,要自觉提高运用法治思维和法治方式深化改革、推动发展、化解矛盾、维护稳定能力,高级干部尤其要以身作则、以上率下。"领导干部既然是全面推进依法治国的重要组织者、推动者、实践者,就必须强化依法治国的责任担当。

(一) 领导干部是推进依法治国的"关键少数"

2015年2月2日在中央党校举办的省部级主要领导干部学习贯彻十八届四中全会精神全面推进依法治国专题研讨班开班式上,习近平总书记发表了重要讲话。他在讲话中指出:"各级领导干部在推进依法治国方面肩负着重要责任,全面依法治国必须抓住领导干部这个'关键少数'。"习近平总书记的这句话非常明确地说明了领导干部在落实依法治国重要战略任务中的关键作用。全面依法治国为什么必须抓住领导干部这个"关键少数"？

第一，领导干部是全面推进依法治国的重要组织者、推动者、实践者。全面推进依法治国，要形成完备的法律规范体系、高效的法治实施体系、严密的法治监督体系、有力的法治保障体系，要形成完善的党内法规体系，实现科学立法、严格执法、公正司法、全民守法，促进国家治理体系和治理能力现代化。这些重大任务的完成，是离不开各级领导干部的组织、推动、实践的。

第二，领导干部的法治观念和依法行政能力对整个社会具有重要的示范与引领作用。古人云："其身正不令而行，其身不正虽令不从。"依法治国、建设法治国家，受到多种因素的影响，但是各级领导干部的言行至关重要，因为他起着引导、示范的作用。因此，《决定》强调要求，各级领导干部要对法律怀有敬畏之心，牢记法律红线不可逾越、法律底线不可触碰，带头遵守法律、带头依法办事，不得违法行使权力，更不能以言代法、以权压法、徇私枉法。

（二）维护宪法法律权威，保证宪法法律实施

领导干部要强化依法治国责任担当，必须要维护宪法法律权

威，捍卫宪法法律尊严，保证宪法法律实施。

维护宪法法律权威，就是维护党和人民共同意志的权威；捍卫宪法法律尊严，就是捍卫党和人民共同意志的尊严；保证宪法法律实施，就是保证党和人民共同意志的实现。

领导干部要维护宪法法律权威，捍卫宪法法律尊严，保证宪法法律实施，要在以下几方面着力：

第一，对法律怀有敬畏之心。领导干部要有敬畏之心，要敬畏的事物很多，敬畏人民，敬畏权力等等。而敬畏法律，则是领导干部最基本的执政素养。领导干部有了这种基本的执政素养，才能依法办事，才能不逾越法律底线，在宪法和法律的框架内行使手中的权力。否则，就会视宪法法律为儿戏，凌驾于宪法和法律之上。原辽宁省副省长、沈阳市市长慕绥新就曾经狂妄地宣称："国家的法令、法规在我这里也得变通执行，我同意的执行，我不同意的就不能执行。"这是典型的视宪法法律为儿戏、凌驾于宪法和法律之上者。视宪法法律为儿戏、凌驾于宪法和法律之上的人，必定会滥用手中的权力，任意胡作非为，最终会受到法律的严惩。慕绥新终因犯有受贿罪和巨额财产来源不明罪，被大连市中级人民法院于2001年10月10日判处了死刑，缓期二年执行，剥夺政治权利终身。

第二，尊重和保障宪法和法律赋予公民的各种权利。领导干部要维护宪法法律权威，捍卫宪法法律尊严，保证宪法法律实施，必须尊重和保障宪法和法律赋予公民的各种权利。如《中华人民共和国宪法》第二章第三十四条规定："中华人民共和国年满十八周岁的公民，不分民族、种族、性别、职业、家庭出身、宗教信仰、教育程度、财产状况、居住期限，都有选举权和被选举权。"第三十七条规定："中华人民共和国公民的人身自由不受侵犯。"第三十九条规定："中华人民共和国公民的住宅不受侵犯。禁止非法搜查或者非法侵入公民的住宅。"这些都是宪法赋予公民的权利。领导干部必须对公民的这些权利予以尊重和保障。事实上，领导干部如果能对公民的这些权利予以尊重和保障的话，强拆民众住房、强征农民土地的事情就不可能在中国大地上发生了。正因为有的领导干部对公民的这些权利缺乏尊重和保障，导致了强拆民众住房、强征农民土地的事情屡有发生，并因此而影响了社会的和谐稳定。例如2008年6月28日发生的"瓮安群体性事件"，虽然导火索是一个女中学生之死，其根源却是当地的一些干部对法律和公民权利的践踏。

2007年2月，瓮安县为了支持瓮安煤矿建焦化厂用地，县政府行文将瓮安县永和镇柴花村农民部分土地的承包经营权强行收回。在农民提起行政复议期间，瓮安县政府为了保证焦化厂"按时完工"，对当地前去工地"阻工"的20多个农民，动用警力用手铐抓走了10人行政拘留。随后，县法院判县政府收回农民土地承包经营权有效。

县法院为修办公大楼，征用雍阳镇中心村农民的土地，群众认为每平方米25元的补偿标准太低，不同意征用。在县领导的要求下，县公安局出动公安和武警100多人，把村民团团围住，强行把地里即将成熟的苞谷和稻田里新插的稻秧推倒轧烂，土地被强行征用。

当时的省委负责人一针见血地指出，瓮安虽然经济获得发展，但在经济发展的背后，各种社会矛盾和问题已长期累积，"6·28"事件便是所积累的矛盾和问题的大爆发。

西方有这样一句话："风可进，雨可进，国王不可进。"这句话不仅表明财产权的法律保护不以其权利人的身份地位而有所差异，同时也表达了通过司法限制公权力，保障老百姓财产权的理念。

（三）法律面前人人平等，不得有超越宪法法律的特权

党的十八届四中全会通过了《中共中央关于全面推进依法治国若干重大问题的决定》（以下简称《决定》）。《决定》提出了实现全面推进依法治国总目标的五项原则，即"五个坚持"，其中第三个坚持就是，"坚持法律面前人人平等"。

《决定》指出："平等是社会主义法律的基本属性。任何组织和个人都必须尊重宪法法律权威，都必须在宪法法律范围内活动，都必须依照宪法法律行使权力或权利、履行职责或义务，都

不得有超越宪法法律的特权。必须维护国家法制统一、尊严、权威，切实保证宪法法律有效实施，绝不允许任何人以任何借口任何形式以言代法、以权压法、徇私枉法。必须以规范和约束公权力为重点，加大监督力度，做到有权必有责、用权受监督、违法必追究，坚决纠正有法不依、执法不严、违法不究行为。"

"法律面前人人平等"这句话的含义，概括说来，包括三个方面的内容：

第一，任何人都一律平等地享有宪法和法律规定的各项权利，同时也都必须平等地履行宪法和法律所规定的各项义务。这就是说，不管你是农民，还是工人；不管你是教师，还是领导干部，都必须平等地享有宪法和法律规定的各项权利，并平等地履行宪法和法律所规定的各项义务。

第二，任何人违法都必须受到追究。这就是说，任何人不论其地位有多高、权力有多大、身份有多特殊，一旦违法犯罪都要毫无例外地受到法律的制裁，决不允许任何违法犯罪分子逍遥法外。比如说周永康、薄熙来、苏荣，位高权重；比如说刘汉、刘维，钱多势众，但因为违法犯罪，都受到了法律的制裁。

第三，任何组织和个人都不允许有超越宪法和法律之上的特权。这就是说，任何组织和个人都必须以宪法和法律为根本活动准则，都必须依照宪法和法律来行使自己的权力或权利、履行自己的职责或义务，都不得违反（犯）宪法和法律。

（四）强化法治思维，坚守法治方式

党的十八大报告提出，要"提高领导干部运用法治思维和法治方式深化改革、推动发展、化解矛盾、维护稳定能力"。

所谓法治思维，"就是将法治的诸种要求运用于认识、分析、处理问题的思维方式，是一种以法律规范为基准的逻辑化的理性思考方式。"① 所谓"法治方式，就是运用法治思维处理和解决问题的行为方式。"② 领导干部要提高运用法治思维和法治方式深化改革、推动发展、化解矛盾、维护稳定能力，必须把握以下几点：

第一，转变人治观念，确立法治观念。观念决定行为，行为决定结果。我国是一个有着很深的"人治"传统的国家，古代儒家就主张为政在人，对社会成员强调道德教化，强调能人治国，而忽视法律、制度的约束作用。

"人治"在社会政治生活中的表现，是权大于法、高度集权专制，过度依赖个人的权威。

领导干部依法使用权力，就要转变这种"人治"的观念，将

---

① 张立伟，《什么是法治思维和法治方式》，《学习时报》，2014年3月31日。

② 张立伟，《什么是法治思维和法治方式》，《学习时报》，2014年3月31日。

"人治"观念转变为"法治"观念。

所谓"法治"观念，就是想问题、办事情、做决策都要严格执行法律的规定。

第二，要把对宪法和法律的尊崇敬畏，转化成思维方式和行为方式。2013年2月23日，习近平总书记在中共中央政治局第四次集体学习时强调："各级领导机关和领导干部要提高运用法治思维和法治方式的能力，努力以法治凝聚改革共识、规范发展行为、促进矛盾化解、保障社会和谐。"十八届四中全会《决定》也指出："党员干部是全面推进依法治国的重要组织者、推动者、实践者，要自觉提高运用法治思维和法治方式深化改革、推动发展、化解矛盾、维护稳定能力，高级干部尤其要以身作则、以上率下。"

法治思维强调思想转变，法治方式强调行为准则，这就对领导干部在思想和操作执行层面都提出了明确的要求。领导干部要做到在法治之下、而不是法治之外、更不是法治之上想问题、做决策、办事情。

第三，明确权力行使的边界。每一位领导干部的手里，都掌握着一定的权力。这种权力是一种公共权力。作为公共权力，其行使是有一定边界的，不是随心所欲的。公共权力行使的边界，应该止于法律的限定。这种边界，不能因其行使的良好动机而消失，而应该始终以法律的限定为界限。因此，领导干部要明晰法律授予了什么权力，其边界在哪里，其行使的程序又是什么，如果不依法行使权力将承担什么样的责任，等等，提高依照法定权限、程序行使权力的素养。

总而言之，依法治国，是坚持和发展中国特色社会主义的本质要求和重要保障，是实现国家治理体系和治理能力现代化的必然要求，事关我们党执政兴国，事关人民幸福安康，事关党和国家长治久安。各级领导干部要对法律怀有敬畏之心，牢记法律红线不可逾越、法律底线不可触碰，带头遵守法律，带头依法办事，不得违法行使权力，更不能以言代法、以权压法、徇私枉法。

六、强化恪尽职守责任担当

党员领导干部身处重要工作岗位，职务就是职责，担当义不容辞。在其位，谋其政；任其职，尽其责。这是领导干部对待工作岗位应有的态度。强化恪尽职守的责任担当，是做好本职工作的必要条件。

（一）明确自身的社会角色

领导干部强化恪尽职守的责任担当，首先需要明确自身的社会角色。所谓社会角色，是指个体在特定的社会关系中的身份、社会地位以及由此而规定的行为规范和行为模式的总和。

常言道，到什么山上唱什么歌，是什么身份做什么事。京剧舞台上，生、旦、净、末、丑，各有各的腔，各有各的调，各有各的衣着，各有各的扮相，都得按照自己的角色规范来装扮，来表演，不能错位。

一个人在社会中生活，尽管在人格上是人人平等的，但是，身份是不同的，社会地位也是不同的。下属的身份，下级的地位不能因为人格平等，就能改变这种特性。而不同的身份、不同的社会地位具有不同的权利、义务和规范。因此，一个人要成功地扮演好社会角色，就需要在享有权利的同时，履行好义务，遵循好规范。由此而言，明确自身的社会角色，就是要明确以下几个问题：

第一，明确自身的社会角色义务。这里讲的"义务"，与"权利"相对，是指角色扮演者在政治上、法律上、道义上应尽的责任。由此而言，明确自身的社会角色义务，就是要明确自身在政治上、法律上、道义上应尽的责任。它包括两个方面：一是必须做什么；二是不能做什么。

第二，明确自身的社会角色权利。权利，顾名思义，就是权力和利益。

明确自身的社会角色权利，就是要明确自己在履行角色义务时所具有的支配他人或使用所需的物质条件以及维护自身利益的权利。

自己有权利支配他人或使用所需的物质条件，可以支配和使用；自己无权利支配他人或使用所需的物质条件，就不能随意支配和使用。随意支配使用，就是侵权。

明确自身的社会角色利益，就是明确自身在履行角色义务之后，应该得到的物质和精神的报酬。应该得到的，依法获得；不该得到的，绝不能伸手。

社会主义制度的分配原则，是按劳分配，多劳多得，少劳少得，不劳不得。领导干部在履行角色义务之后都会得到相应的劳动报酬，贡献突出的，还会得到物质和精神的奖励。

作为责任承担者，要想得到物质和精神的报酬，必须要履行好自己的角色义务。不能只想得到物质和精神的报酬，而不去履行应尽的义务。

第三，明确自身的社会角色规范。角色规范是指角色扮演者在享受权利和履行义务过程中，必须遵循的行为规范或准则。

明确自身的社会角色规范，就是要明确自身在享受权利和履行义务的过程中，必须遵循的行为规范或准则。

（二）清楚工作责任的边界

工作责任是有边界的。所谓工作责任的边界，就是分内应该做的事情。具体地说，清楚工作责任的边界，就是要明白哪些是该自己负责的，哪些是不该自己管的。

该自己负责的事情，就要尽心、尽力、尽情、尽责地把它做好，做到位。不该自己管的事情，就不要去大包大揽，去"包打天下"。当然，需要"补位"的情况例外。为什么要清楚工作责任的边界？

第一，避免越位侵权。"越位"是足球规则术语，它是指在进攻时，攻方队员不能在传球前超越对方最后一名防守后卫。

在赛场上，"越位"是违反比赛规则的。尽管你经过全力拼搏，甚至把球攻进了对方的大门，但也不能算数，相反，倒使对方得到了发球权，劳而无功，反而有损。

工作中，也有越不越位的问题。工作中的"越位"，是指言行超越了自己的权限。比如，三国时，曹操"挟天子以令诸侯"，就是严重的"越位"行为。

现实社会，就像是一个大舞台，每个人都有自己特定的角色地位。这种角色地位，是社会客观赋予每个人的，是每个人的身份，谁都不应超越。超越，往小里说，会影响人际关系；往大里说，会造成社会混乱。

足球场上"越位"，劳而无功；工作中"越位"，也是费力不讨好。工作中，大家虽然目标一致，需要紧密配合，但毕竟负有不同的职责，这种不同的职责规范了各自的社会角色地位。大家必须在各自不同的地位上，司其职，负其责，而不能相互替代。下级不能超越自己的权限，去"替代"上级的工作；上级也不能大包大揽，去"替代"下级的工作。因为这种行为的发生，不仅会给工作带来混乱，妨碍上级领导职能、下级工作主动性和积极性的发挥，还会影响上下级之间的关系。

被越位的领导可能会把下属的越位看成是对自己的不尊重，对自己权利的侵犯，因而，他可能会把下属视为有野心者，并对下属事事加以防范。如有机会，他还可能对下属加以制裁。

被越位的下属可能会认为领导上看不起自己，认为自己的水平低做不好工作。因而，他会工作消极，没有积极性和主动性。

2012年1月19日的《北京青年报》上，有这样一篇题为"县委书记当的哥暗访社会治安"的报道。报道的内容如下：

"由于多种因素影响，去年下半年以来，广东省徐闻县刑事、治安案件有所反弹，刑事警情增幅较大，县城'双抢'案件较为突出，连续发生的几起恶性刑事案件在社会上造成了不良的影响，严重影响了人民群众的安居乐业。为彻底扭转这一严峻的治安状况，徐闻县领导连续数月开出租车当'的哥'暗访社会治安，决心用三个月时间铁腕整治，给全县人民群众创造了一个安全、和谐的社会环境。

"去年10月13日，县委书记钟力、县长林海武带领四套班子成员到县公安局调研，要求用三个月时间改善徐闻社会治安。三个月以来，钟力利用晚上、节假日等休息日，自己搭三轮摩托车，或自己开出租车当'的哥'，深入市场、车站、码头等重点场所亲自体验治安环境，听民声，找良方，治顽疾。林海武利用双休日深入各派出所，现场办公解决办公难题。"

对于徐闻县县委书记钟力的做法，我并不完全认同。我曾经在网络上发表过看法："动机、目的是好的，但该书记是否有'的哥'的资质？是否越位侵权了？公安局长、交通局长干什么去了？"

应该讲，这位县委书记钟力的动机、目的是好的，但我认为，他的做法是不值得提倡的。

国家分设各种机构，任命各级官员，除了为了有组织有系统地管理国家之外，就是为着各司其职，各负其责。县委书记有县委书记的职责，自己有自己的"一亩三分地"要种，不能所有的地都要由自己去种。再说，他种得过来吗？用学术一点儿的语言来讲，就是"勤于政事，但别越位侵权"。

第二，避免独揽一切。诸葛亮为什么"出师未捷身先死"，就是他"独揽一切"的结果。累得过劳死了。

据《三国志·蜀书·诸葛亮传》记载，章武三年（公元223年）的春天，刘备病倒在白帝城的永安宫。他自知将不久于人世，就派遣使者前往成都，请丞相诸葛亮星夜前来永安宫，把太子刘禅托付给诸葛亮，希望诸葛亮能辅佐刘禅治国理政。

刘备的嘱托，让诸葛亮深感责任重大。他当时就跪拜在地上，对刘备说："望陛下好好安歇，修养身体，臣等一定全力效劳，辅助太子。"

诸葛亮还真的没有食言。刘备驾崩之后，他就全力效劳辅佐太子，还定了一个"罚二十以上皆亲览"的制度，事无巨细，一概由自己负责全权处理。

朋友们看着诸葛亮事必躬亲，日渐憔悴，就劝他说："治家之道，在于各司其职，如果凡事家主必躬亲，将形疲神困，终无一成。"

但诸葛亮没有接受这一劝告，而是对劝告他的人说："吾非不知，但受先帝托孤之重，唯恐他人不似我尽心也！"于是，他"寝不安席，食不甘味"，"夙夜忧叹"，结果，刚到54岁就去世了，留下了"出师未捷身先死"的遗恨。

其实，独揽一切，没什么好处，而坏处倒是多多。"独揽"是"越位"的孪生兄弟。"独揽"，是什么事情都自己一手操持，不属于自己该管的事，也去插手管理；不该自己干的事，自己也去大包大揽。这实际上，就是越位了。结果，还会因为"独揽一切"而陷入事务主义的圈子。

第三，避免种别人的地，荒自己的田。每一位领导干部在岗位上工作，都有自己的"一亩三分地"，即岗位职责。担当，必须要清楚自己的岗位职责。该做什么，不该做什么，心里头要一清二楚。不能自己的地还没种好，却替别人去锄草。当然，我不是反对助人为乐。但这和助人为乐是两码子事。陈平的故事可以给我们某种启迪。

陈平，是汉文帝时的左丞相。一天，汉文帝上朝时，问右丞相周勃说："全国一年判决多少案件？"周勃抱歉地说不知道。文帝又问："全国一年钱粮收入和支出多少？"周勃又抱歉地说不清楚。周勃两问两不知之后，既恐慌又羞愧，汗流浃背。

汉文帝见周勃回答不出，便又以同样的问题问左丞相陈平。陈平回答说："这些事都有主管的人。"

文帝问："主管人指的是谁？"陈平告诉文帝："陛下如果问案件处理，可责成廷尉来回答；陛下要是问钱粮收支情况，可责成治粟内史来回答。"

文帝对陈平的这几句话，似乎有些不满，说："既然每项事务都有主管人，那么你所主管的事情是什么呢？"

陈平见皇上面露不悦之色，赶紧谢罪说："陛下不知道我才能低下，让我居宰相之位。所谓宰相，其职责是上辅皇帝协调阴阳，顺应四时；下使万物在合适的环境里发育成长；对外镇抚四方未开化之民族和诸侯，对内团结百姓，使卿大夫都能称职尽责。"

听了左丞相陈平的这一番话，汉文帝的脸阴转晴了，夸奖陈平回答得好。

右丞相周勃惭愧得无地自容。从皇宫出来之后，他埋怨陈平说："你为什么平时不教教我怎样和皇上对答呢？"

陈平笑着对他说："你身居宰相之位，不知道宰相的责任吗？如果陛下问长安城里有多少盗贼，你想硬编个数字回答清楚吗？这是办不到，也没有必要的呀！"

陈平是智慧的，他智慧在清楚地知道自己的职责范围。也正是因为如此，他才没像周勃那样尴尬，而让皇上龙颜大悦。

据史书记载，这件事情发生之后，周勃认识到自己的能力太差，便借口有病请求辞职。

这周勃还算有自知之明，他的能力的确不够强。能力不够强的表现不在于知不知道全国一年判决多少案件，也不在于知不知道全国一年钱粮收入支出多少，而在于知不知道自己的主要职责是什么。连自己该抓什么，该管什么，干什么都不知道的人，还提什么做好本职工作呢？

我们应该从周勃的辞职中汲取教训，从陈平的经验中获得教益，明其职能，晓其责任，认真地做好自己分内的工作。既要防止自己"独揽一切"越权，又要防止被他人侵权而丢责。

（三）将担当化为工作使命

古希腊神话中有这样一则故事：西齐弗是天庭的一个小神，因为他在天庭犯了法，被天神罚到人世间受苦。

天神惩罚他的是：要推一块大石头上山。每一天，西齐弗都费了很大的劲把那块石头推到山顶，然后回家休息。

可是，在他回家休息之后，石头又会自动地滚下来。就这样，周而复始。西齐弗所面临着"永无止境的失败"。

面对着这"永无止境的失败"，西齐弗不肯认输。他的信念是，推石头上山是我的责任。我要做的，就是要把石头推上山顶。这是我的使命。

后来，天神看惩罚不了西齐弗，就赦免了他，把他召回了天庭。

一个具有责任担当意识的领导干部，他会有着西齐弗的信念：担当责任就是自己的工作使命。领导干部如何将担当化为工作使命？

第一，用恭敬严肃的态度来对待自己的工作岗位，即敬业。敬业是做好本职工作的必要条件。敬业是一种对所从事的职业尽职尽责、一丝不苟的行为，是一种兢兢业业、埋头苦干、任劳任怨的强烈事业心和忘我精神。

敬业是担当职业责任的具体体现。在任何一种职业活动中，无论是谁都必然要与他人、与社会发生并保持着各种联系。由于这些联系，便形成了种种特定关系，又由这种种特定关系产生出诸多义务。凡与自己本职工作有关的义务就是职业义务。为保持并发展已形成的或将要建立的一系列联系、关系，就必须自觉地担负起对社会、对他人负有的使命、职责和任务。也就是说，必须自觉地履行应尽的职业责任，而敬业恰恰是领导干部承担职业责任的具体体现。

领导干部承担了职业责任，他就会在热爱自己本职工作的基础上，无论处在什么样的工作环境中，都能保持乐观向上的心理状态，以饱满、激昂的斗志，善始善终地完成所承担的任务；他就会在从事职业工作的过程中，不计较个人的利害得失，埋头苦干，真心实干，精益求精，呕心沥血，殚精竭虑。因此，他的工作就会做得更加出色，做得更为成功。

第二，以满腔的热忱来对待自己的工作岗位，即爱岗。任何职业才能都不是天生的，都是后天通过努力而得到的。热爱则是最好的老师。一个人只有真正热爱自己的工作岗位，才能主动、勤奋、自觉地学习本岗位工作所需要的各种知识、技能，才能花大气力去培养锻炼从事本岗位工作的本领，切实把本岗位的工作做好。领导干部的岗位责任心，也是来自对本岗位工作的热爱的情感。只要是真正热爱自己从事的工作岗位，就能把智力、体力的劳动付出，看成是人生的一种乐趣而不仅仅是谋生的手段；就能满腔热情、朝气蓬勃地做好每一项属于自己的工作；就能在工作中焕发出极大的职业进取心，产生出源源不断的动力，全身心地、忘我地投入本岗位的工作，积极主动完成各项工作任务。那种抱着"干活吃饭，挣钱养家"的态度对待工作岗位的人，是不可能会有对本岗位工作那种热爱之情的，当然也谈不上持久的事业心和责任感的。热爱自己本岗位工作的人，在追求职业目标的过程中，当遇到挫折或失败，他们一定会以对事业炽热追求的精神，去克服困难，战胜险阻，摆脱困境，不懈奋斗。

七、担当不是口号,而是行动

责任担当,不是拍胸脯的担当,不是简单地喊一句口号的担当,它需要领导干部用实实在在的具体行动来承担起责任。只有口号,而没有具体的行动,不是真正的责任担当。

(一)没履行的担当就是水上的文字

红军初创时期,有一位青年战士问他的领导:"参加共产党有什么好处?"

这位领导回答:"让我看,参加共产党有九十九条都是'坏处',要吃苦在前,享受在后;要冲锋在前,退却在后;可能被杀头,还会坐牢;危险的工作要抢着去干;如果军装不够,要让给别人穿;饭少人多,要让群众先吃,自己饿肚子……要说好处,我看只有一条,全心全意为人民服务,人民才会拥护你。"

这些所谓的"坏处",实际上就是领导干部的责任担当。

对于领导干部的责任,领导干部必须要自觉地担当。没有担当的责任，就是水上的文字。因此，领导干部一定要对责任担当有着正确的认知。

第一，增强责任感。领导干部履行责任担当，一定先要强化责任感。

当你在镰刀和锤头组成的鲜红的党旗下宣誓之后，你就跟党组织有了一份契约，就接受了一份沉甸甸的责任。这份责任就是要按照《党章》规定的党员的义务去做。党员义务，是党员对党组织和党的事业应尽的责任，是党组织对党员的基本要求。

不同的历史阶段，共产党员有着不同的义务要求。中国共产党第十八次全国代表大会部分修改，2012年11月14日通过的《党章》，规定共产党员在新的历史时期必须履行下列的义务：

（一）认真学习马克思列宁主义、毛泽东思想、邓小平理论、"三个代表"重要思想和科学发展观，学习党的路线、方针、政策和决议，学习党的基本知识，学习科学、文化、法律和业务知识，努力提高为人民服务的本领。

（二）贯彻执行党的基本路线和各项方针、政策，带头参加改革开放和社会主义现代化建设，带动群众为经济发展和社会进步艰苦奋斗，在生产、工作、学习和社会生活中起先锋模范作用。

（三）坚持党和人民的利益高于一切，个人利益服从党和人民的利益，吃苦在前，享受在后，克己奉公，多做贡献。

（四）自觉遵守党的纪律，模范遵守国家的法律法规，严格保守党和国家的秘密，执行党的决定，服从组织分配，积极完成党的任务。

（五）维护党的团结和统一，对党忠诚老实，言行一致，坚决反对一切派别组织和小集团活动，反对阳奉阴违的两面派行为和一切阴谋诡计。

（六）切实开展批评和自我批评，勇于揭露和纠正工作中的缺点、错误，坚决同消极腐败现象作斗争。

（七）密切联系群众，向群众宣传党的主张，遇事同群众商量，及时向党反映群众的意见和要求，维护群众的正当利益。

（八）发扬社会主义新风尚，带头实践社会主义荣辱观，提倡共产主义道德，为了保护国家和人民的利益，在一切困难和危险的时刻挺身而出，英勇斗争，不怕牺牲。

这是《党章》规定的共产党员必须履行的八大义务。党员的义务就是党员的责任，就是党员的行动方向和行动标准。

当你走上领导岗位之后，你就跟人民有了约定，就有了一种责无旁贷的使命。这种使命，就是要按照党员领导干部的要求去做。新修订，2014年1月印发的《党政领导干部选拔任用工作条例》规定，党政领导干部应当具备下列基本条件：

（一）自觉坚持以马克思列宁主义、毛泽东思想、邓小平理论、"三个代表"重要思想和科学发展观为指导，努力用马克思主义立场、观点、方法分析和解决实际问题，坚持讲学习、讲政治、讲正气，思想上、政治上、行动上同党中央保持高度一致，经得起各种风浪考验。

（二）具有共产主义远大理想和中国特色社会主义坚定信念，坚决执行党的基本路线和各项方针政策，立志改革开放，献身现代化事业，在社会主义建设中艰苦创业，树立正确政绩观，做出经得起实践、人民、历史检验的实绩。

（三）坚持解放思想，实事求是，与时俱进，求真务实，认真调查研究，能够把党的方针政策同本地区本部门实际相结合，卓有成效开展工作，讲实话，办实事，求实效，反对形式主义。

（四）有强烈的革命事业心和政治责任感，有实践经验，有胜任领导工作的组织能力、文化水平和专业知识。

（五）正确行使人民赋予的权力，坚持原则，敢抓敢管，依法办事，清正廉洁，勤政为民，以身作则，艰苦朴素，勤俭节约，密切联系群众，坚持党的群众路线，自觉接受党和群众批评和监督，加强道德修养，讲党性、重品行、作表率，带头践行社会主义核心价值观，做到自重、自省、自警、自励，反对官僚主义，反对任何滥用职权、谋求私利的不正之风。

（六）坚持和维护党的民主集中制，有民主作风，有全局观念，善于团结同志，包括团结同自己有不同意见的同志一道工作。

《党政领导干部选拔任用工作条例》规定的党政领导干部应具备的基本条件,就是领导干部的责任和行动标准。

第二,强化使命感。领导干部走上领导岗位是肩负着历史使命的。新时期领导干部的历史使命,就是要"协调推进全面建成小康社会、全面深化改革、全面推进依法治国、全面从严治党,推动改革开放和社会主义现代化建设迈上新台阶"。这是新形势下中国共产党治国理政的总方略。

作为党的执政骨干的领导干部,对党治国理政的总方略,有着义不容辞的落实责任。这种责任就是领导干部的重要历史使命。

领导干部能否完成这一历史使命,关系着党的治国理政的总方略能否实现、党的执政地位能否巩固、国家能否繁荣富强的大问题。

(二) 行动才是责任担当的唯一方式

革命导师马克思指出:"一步实际行动比一打纲领更重要",邓小平同志讲:"世界的事都是干出来的。不干,半点马列主义都没有。"习近平总书记强调:"关键在于落实。"

领导干部责任担当,必须要有实际行动,而不仅仅是嘴上的功夫。可以说,行动是领导干部履行责任担当的唯一方式。

第一,马上就办。"马上就办"是习近平总书记在担任福州市委书记时对当地领导干部提出的工作要求。1991年2月20日，在福州市委工作会议上，习近平第一次向全市干部明确要求："要大力提倡'马上就办'的工作精神，讲求工作时效，提高办事效率，使少讲空话、狠抓落实在全市进一步形成风气、形成习惯、形成规矩。"① 他还要求当地的领导干部"提高办事效率，做到今日事今日毕。"

领导干部的责任担当，就需要有这种"马上就办"的精神，工作闻风而动，做事雷厉风行，否则，就会拖拉扯皮、明日复明日、敷衍了事、当一天和尚撞一天钟，成为官僚主义者。

第二，办就办成。责任担当，不仅要马上就办，还要办就办成。习近平总书记在福州任市委书记时的1995年，就提出："事情定了就办、办就办好，绝不允许拖拖拉拉、半途而废。"

1991年3月7日，习近平登上了闽江边的一条"连家船"。他弯腰钻进低矮的船舱，走近灶台掀开锅盖，里面只有一点萝卜干。习近平良久不语。

这条"连家船"是郑和金与妻子连水花的家。

"我16岁上船，结婚也在船上。岸上没有房子，我们夫妻俩和三个儿子挤在船上，前舱装货，后舱睡觉。孩子放学回来，常

---

① 《习近平在福州工作期间倡导践行"马上就办"纪实》，2015年3月11日，中国网。

常找不到船在哪里。"二十多年前"连家船"上的生活,在70岁的郑和金记忆里依旧清晰。

"我们能有自己的房子住吗?"拉着市委书记习近平的手,连水花只是忐忑地提了这样一个问题。

"你们放心,房子一定会有的!"习近平有力的回答,至今深深印刻在郑和金夫妇的心里。

登岸之后,习近平立即召开现场办公会,要求有关部门以强烈的责任心和紧迫感"马上就办",迅速拿出实实在在的措施解决问题。

十个月后,包括郑和金夫妇在内的104户船民家庭结束了"上无片瓦、下无寸土"的生活,搬进了台江区红星新村的新居。

今天,每当郑和金在电视上看到习近平的画面,依然觉得很亲切:"没有习书记,就没有我们的家啊。"①

习近平总书记用行动为"马上就办,办就办成,办就办好"做了最生动的诠释。

第三,办就办好。责任担当,在"办就办成"的基础上,还要办就办好。怎样才是办好?办好的标准就是人民满意不满意。这是"马上就办"的价值取向。习近平总书记强调:"检验我们

---

① 资料来源:《习近平在福州工作期间倡导践行"马上就办"纪实》,2015年3月11日,中国网。

一切工作的成效，最终都要看人民是否真正得到了实惠，人民生活是否真正得到了改善。"

习近平总书记当年在福州的"马上就办"，让人民得到了实惠，人民的生活得到了改善。正因为如此，赢得了福州百姓的满意。这种满意从下面这首词中就可以看得出来：《天净沙·甘霖》："藤山滴水人家，长夜倦灯苦挨，书记察情令下，流水音佳，爱民人在今夏。"这首词，是1992年一名群众写给习近平的。那年的7月，酷暑时节的仓山区下渡藤山弄，一百多户居民因为供水管径太小，水压上不去，饱受断水之苦。他们给习近平写了一封信，反映用水难题。习近平见信立即作出批示，要求有关部门迅速了解情况，马上解决问题。

很快，现场勘察的队伍到了，供水管线的改造方案定了。接着，工程队破土动工，在连日高温下加紧作业，8月7日为居民们接上了自来水。①

（三）担着责任前行一丝不苟做到位

德国人有一句名言："循规蹈矩，一丝不苟才是轻松的活法；而凡事无章可循，才使人疲惫不堪。"

---

① 资料来源：《习近平在福州工作期间倡导践行"马上就办"纪实》，2015年3月11日中国网。

据说,有人想考验一下德国人的循规蹈矩、一丝不苟的情况。于是,他分别在两个电话亭上贴了"男"、"女"的德文标志。

结果,德国人果然按照电话亭上的标志,男女各进各位。即使一边排着长队,另一边的电话亭是空的,也没有人违反这一规定。责任担当应该有这种一丝不苟的精神。换一句话说,领导干部在责任担当的过程中,要一丝不苟地把责任担当好。

第一,端正态度,认真负责。有些人不能很好地担负起工作责任,不是他没有能力负责,而是他的工作态度不端正。这种人是做一天和尚撞一天钟。对于组织布置的工作,他们从来没有想到认真去做,而是敷衍塞责、拖拉扯皮,做一些表面文章来应付。这种工作态度是责任担当的大敌,是要坚决反对的。习近平总书记在福州任市委书记时,就说过:"我们要办的事很多,要为改革开放提供一个良好的软环境,这就需要提倡一种满负荷的精神,反对拖拉扯皮和人浮于事,提高办事效率,做到今日事今日毕。"

第二,大事小事,做到极致。人们都清楚大事重要,但要知道,大事都是由小事累积而成的。没有小事的累积,也就成不了大事;忽视小事,就有可能败坏大事。因此,责任担当,无论大事小事,都要做到极致。

在工作中,最低的要求,就是能按标准做事,不走样。但仅此是不够的，优秀的领导干部是不会满足于一般要求的，他会尽可能地把工作做得完美无缺。应该说，任何事情，只有做到100%合格，才是真正达到了标准。比如，生产电冰箱的厂家，它的1%错误，到了消费者手中，就是100%的问题。

八、培养担当的胆略气魄

担当是需要胆略,需要气魄的。这种胆略和气魄,就是"亮剑精神"。所谓"亮剑精神",就是面对强大的对手,明知不敌,也要毅然亮出自己的宝剑。剑锋所指,所向披靡。即使倒下,也要变成一座山,一道岭。

责任担当,困难挫折在所难免。这就需要培养担当的胆略和气魄。有了担当的胆略和气魄,即使工作复杂,困难艰巨,麻烦众多,这些复杂的工作,艰巨的困难,众多的麻烦,都可能会迎刃而解。狭路相逢勇者胜。

(一) 面对歪风邪气,勇于亮剑出击

2014年1月7号至8号中央政法工作会议在北京召开。习近平总书记出席会议并发表重要讲话。他在讲话中强调:"政法队伍要敢于担当,面对歪风邪气,必须敢于亮剑、坚决斗争,绝不能听之任之。"习近平总书记的讲话不仅是对政法队伍提出的

要求，也是对所有党的领导干部提出的要求。领导干部践行这一要求，需要在以下几方面着力：

第一，不做好好先生。东汉末年有个叫司马徽的人，人称"好好先生"。

据史料记载，司马徽从来不批评指出他人的短处，不管跟人说什么事，问他什么事，也不管这件事是好，还是坏，他都是说"好"。

一天，司马徽的朋友来到他的府上，伤心地谈起儿子去世的事，孰料司马徽接连说："很好！很好！"

他的妻子曾经劝他："人家有所疑，才问你，你哪能一概说好呢！你这样一切皆说好，并不是别人问你的本意呀！"司马徽说："像你这样说，也很好！"

领导干部绝不能做司马徽这样的"好好先生"。好好先生为人处世的哲学是"你好我好大家好"。没有原则，没有立场，有的只是圆滑。他们不讲是非，凡事皆曰好。"好好先生"是不会有担当精神的。

第二，勇于亮剑出击。领导干部既然不要做好好先生，那么，面对歪风邪气，就要勇于亮剑出击。不怕歪风邪气，敢于担当责任，维护正义和公平。"全国十佳基层法律工作者"、"模范公务员"、"一级英模"、甘肃省古浪县黑松驿乡司法助理侯殿禄，就是这样的党员干部。

俗话说："清官难断家务事"；"民间纠纷最难办"。而侯殿禄每天面对的，恰恰多是这些涉及婚姻纠纷、赡养纠纷、债务纠纷、宅基地纠纷等家务事和民间纠纷。

对于这些家务事、民间纠纷，侯殿禄自然知道处理它的难度，但他更知道，小事往往是大事的根。有些小事如果不能得到及时处理，轻则会伤和气，重则大动干戈，甚至闹出人命。因此，侯殿禄不回避，不退缩，敢于担当责任。

他说："老百姓的事，没人管可不行；我吃司法助理员这碗饭，就要断清家务事，解决好民间纠纷。"

要说司法助理员的确是个苦差使，权力不大，责任不小，吃苦、费劲、劳累。气头上，群众有时还把怨气撒给调解人。对此，侯殿禄却从不感到委屈。他认为："只要群众矛盾化解了，我苦点累点没啥！"

1988年11月，小坡村一名妇女难产而死。家人要把她埋在邻近芦草沟村的一块坡地上。芦草沟有人认为不吉利，竭力反对，双方相持不下。

侯殿禄闻讯，马上顶风冒雪赶到10公里外的现场，同其他乡干部连续调解两昼夜，却没有效果。

第四天一大早，小坡村人把尸体抬上山，挖坑准备埋葬，芦草沟受到迷信观念影响的群众聚集坑边拦阻。争斗一触即发。侯殿禄在雪地里奔来跑去，终于把双方暂时劝住了。

当天晚上，两村的村民又在山岭上摆开了阵势，数百人手持棍棒、铁锹，怒目相对。侯殿禄赶紧叫人把尸体放回原地，并忍着一些人的辱骂，警告双方村民谁也不能动手，并反复讲解破除迷信移风易俗的道理。

他的苦口婆心终于感动了群众，第五天，双方同意就地土法火化尸体。然而谁都不愿沾上"邪气"，没人提供木柴。他只好自己雇来拖拉机从山下拉来木柴、煤油。临近山岭，拖拉机上不去，瘦弱的侯殿禄弯着腰，迎着呼啸的北风、纷飞的大雪，走两步退一步，一点一点把木柴背上山。此时，已是晚上9点多钟了。

这时人们都躲得远远的。侯殿禄扯着沙哑的嗓子说："我是共产党员，不信鬼，我来火化！"

他从笔记本上撕下几页纸，解开棉袄挡住风，点燃木柴。一直烧到次日凌晨2时，零下近30摄氏度的山顶上只剩下他和乡党委书记、干事3个人。到此时，侯殿禄已有90多个小时没挨一下热炕，没吃一口热饭了。

看到侯殿禄这样拼命地工作，不辞劳苦地为群众解决纠纷，有人便问他："你这样干图个啥？"侯殿禄说："我图的是乡亲们能过上安稳日子。"①

通过上面的文字描述,我们看到的是一个敢于担当责任的乡司法助理。

他的权力虽然不大,但他有着一颗为人民、为党、为政府负责的心;他的职位虽然不高,但他有着担当责任的崇高精神境界。

工作中,他不做好好先生,不做庸官混日子,他做的是敢于担当责任的铮铮硬汉。

面对歪风邪气,他挺直了腰板;即使是面对一触即发的争斗,他也决不退缩。这就是他的敢于亮剑的胆略和气魄。

(二)面对艰难困苦,敢于挺直胸膛

培养勇于亮剑的胆略和气魄,就是要面对艰难困苦,敢于挺直胸膛,能舍小家为大家;能以自身之苦,造就百姓之福。

第一,直面艰难困苦。面对艰难困苦,向来有两种截然不同的态度:一种是消极悲观、被动应付,有的甚至是回避退缩;一种是毫不畏惧、勇于面对、迎难而上。前者不是共产党人的品格,后者才是共产党人的品质。

---

① 资料来源:中共中央宣传教育局:《新时期共产党员的风采》,学习出版社2001年5月版,第219—231页。

事实上，回避艰难困苦是懦弱者的行为，勇于面对是强大者的品行。面对艰难困苦，回避不能解决问题，只有勇于面对才是解决问题之道。党的优秀干部、县委书记的榜样焦裕禄同志就是敢于直面艰难困苦的共产党人。

兰考在历史上是多灾多难的地方。焦裕禄同志到兰考的1962年，正是兰考遭受连续三年自然灾害最严重的一年。风沙打毁了21.4万亩麦子，秋天的涝灾又淹死了30多万亩庄稼，盐碱地碱死了10万亩青苗，全县的粮食产量仅有5000万斤，下降到历史的最低水平。全县36万人，灾民就有193000人。

早在1962年的春天，河南省委、开封地委就物色干部到兰考去，但一直没有物色到合适的人选。物色到了合适的人选，却又遭到拒绝。正是在这种情况下，上级领导的眼光注意到了焦裕禄。上级领导告诉他，兰考是全地区最苦、最穷、最困难的一个县。

面对这"三个最"，焦裕禄没有半点犹豫。他坚定地表示："感谢党把我派到最困难的地方。越是困难越磨炼人。请地委放心，不改变兰考面貌，我决不离开那里。"

到了兰考，焦裕禄给自己写了一幅字："拼上老命大干一场，决心改变兰考面貌。"这就是勇于直面艰难困苦的品行。

第二，勇于知难而进。"事不避难，知难不难"。领导干部强化责任担当，面对艰难困苦，还要知难而进。知难而进，就要正确地认识面对的困难。

困难就是矛盾。矛盾是无处不在的，领导工作就是要解决矛盾。领导工作既然是要解决矛盾，解决困难也就是领导过程的应有之义。

困难具有两面性。领导干部在工作中，困难的确是实现领导工作目标的阻碍，但如果解决了困难，困难就会成为前进路上的阶梯。

困难像弹簧，你弱它就强。困难是欺软怕硬的，你如果弱，它就处处是你工作的阻碍；你如果强，它就是你施展才干的舞台。

困难既然是欺软怕硬，领导干部强化责任担当，就要勇于直面困难，在困难面前挺起胸膛，不退缩，不回避，不掩饰，将解决困难为己任。党的优秀干部中共东山县委书记谷文昌就是一个勇于知难而进的共产党人。

谷文昌（1915—1981年），是河南省林县郭家庄人，1944年加入中国共产党。1950年5月12日谷文昌随军解放东山岛。从此，他在东山这个海岛上辛勤耕耘了十四个春秋。

谷文昌担任东山县长之初的东山岛，一年四季6级以上大风多达150多天，森林覆盖率仅0.12%；百年间，风沙不断吞没家园，天花、眼病泛滥，外出当苦力、当乞丐的十之有一；当地有7个"蔡姓"村，被风沙埋得只剩4个。这是解放初《东山县志》上的记载。

下乡路上，当时还是县长的谷文昌，碰到一群村民，身穿破衣、手提空篮，一打听，要去乞讨。乞讨？！东山解放都3年了，居然还发生这样的事。"我这个县长，对不住群众呀！"

"不把人民拯救出苦难，共产党来干什么！""挖掉东山穷根，必先治服风沙"，东山县第一次党代会上写下决议："十年内全面实现绿化，根本解决风沙灾害。"

然而，实现这个奋斗目标，绝非易事。沙刚搬走，风一吹，又埋上。只能靠造林来固沙。造什么林？相思、苦楝、黄桦……十几种树轮种了个遍，无一成活。屡战屡败，有人气馁。"这沙灾，连神仙都治不好，听天由命吧。"

谷文昌对天发誓："不治服风沙，就让风沙把我埋掉。"

屡败屡战，再聚人心。1955年，谷文昌担任东山第三任县委书记。干，一任接着一任干；种，一茬接着一茬种。

为了找到合适的海防林种，谷文昌和技术人员翻尽资料，大海寻踪。听说广东电白县成功种活了一种名为木麻黄的树，谷文昌立即派人前去。捧着树苗，他像孩子捧着地瓜一样兴奋。

"上战秃头山，下战飞沙滩"。1958年一开春，一连4天，数十万株木麻黄遍植全岛。

然而，失败又至。持续一个多月的倒春寒，冻死了几乎全部树苗，也寒透了所有人的心。几近绝望之际，技术员小林告诉谷书记，白埕村有9株还活着！谷文昌抚摸着那几株新绿的幼苗，就像抚摸婴儿的脸蛋儿，"能活9株，就一定能活9000株、9万株！"

希望，从这点点绿色开始。成立三人技术小组，开展"旬旬造林"试验，气温、湿度、风向、风力，详细记录在案。晴天种，雨天更种。终于，9株木麻黄，变成了20亩丰产试验林，又海潮般向各村漫去……

东山从此有了这样壮观的场面：一下雨，广播里马上播送造林紧急通知，各级干部带头冲进雨幕。百里长滩，千军万马，歌声与风声齐飞，汗水与雨水交织。

一心向着目标前进的人，整个世界都会给他让路。

3年过去，421座山头、3万亩沙滩，种上树，造了林，30公里长的海岸线筑起了"绿色长城"，昔日'沙老虎'制伏了。[①]

谷文昌为各级领导干部树立了勇于知难而进的榜样。当年面对东山人民被风、沙、旱、涝压得抬不起头、喘不过气时，谷文昌坚定地说："共产党人不能在困难面前退缩！"他带领干部群众经过不懈努力，终于战胜了风沙。

实践证明，办法总比困难多。只要我们敢于直面困难、迎难

---

① 吴焰、赵鹏、孔祥武：《人生一粒种 漫山木麻黄——谷文昌的生前事身后名》，2015年4月7日《人民日报》。

而上，最终总能用有效的方法破解难题。

第三，要善于解决困难。知难而进，不仅要正确认识困难，勇于直面困难，更要善于解决困难，战胜困难。

为解决困难树立信心。有困难不可怕，可怕的是在困难面前退缩，丧失战胜困难、解决困难的信心。领导干部要善于解决困难，必须树立解决困难的信心，要相信有困难就有相应的解决困难的方法。阳光总在风雨后。拿破仑说："最困难之时，就是离成功不远之日。"

为解决困难寻找办法。解决困难的最好办法，就是寻找办法。一位企业家在谈到成功的经验时说："我之所以能有这样的发展，都源于我凡事都愿意找方法解决。我认识很多企业界的成功人士，从他们身上我发现了一个共同的规律：一个优秀的人往往是最重视找方法的人。他们相信凡事都会有方法解决，而且是总有更好的方法。"

困难是一种客观存在。作为一种客观存在，困难是事物内部矛盾的反映。矛盾的发展变化，是有其内在规律性的。因此，寻找解决困难的方法，就需要从矛盾发展变化的内在规律性入手。

矛盾有主要矛盾与次要矛盾之分。解决困难，就要善于区分主要矛盾与次要矛盾。区分了主要矛盾与次要矛盾，就要下功夫首先解决主要矛盾，解决了主要矛盾，次要矛盾就迎刃而解了。

(三) 面对棘手难题,不怕承担风险

趋利避害是人的天性。正是由于这种天性,人们往往愿意对运行良好的事情负责,对成功的事情负责,而不愿意对运行不良的事情或棘手的难题担当。

事实上,具有担当胆略气魄的领导干部,是不惧怕担当责任的,即使这种棘手的难题责任大如天。

比如说,二战时期的艾森豪威尔将军。1944年6月6日,盟军登陆诺曼底。面对被纳粹宣传为有去无回的"大西洋长城",战前是凶吉难以预料。

因此,当艾森豪威尔下达作战命令之后,他坐在桌子旁边,默默地写下了一张字条,并把它放在制服的口袋里,准备一旦登陆失败,拿出来发表。

字条是这样写的:"我们的登陆作战行动已经失败……所有士兵无论海、陆、空三军,无不英勇作战,鞠躬尽瘁,死而后已。假如行动中有任何错误或缺失,全是我一个人的责任。"

事过多年,艾森豪威尔在接受一位学者访问时,曾经谈及此事。他说,记得在南北战争时,南军在盖茨堡一役被打败,领兵的李将军只怪罪自己,他写信给总统说:"军队没有错,我一个

人负全责。"他为此深受启发。①

比如说胡耀邦同志。"我们不下油锅，谁下油锅？"这句话是胡耀邦同志讲的。胡耀邦为什么要讲这样一句话？他讲这句话是有背景的。

"文革"结束之后，当时的冤案堆积如山，社会矛盾非常尖锐。在1978年的中央工作会议上，叶剑英同志说："林彪'四人帮'他们利用篡夺来的权力，大搞法西斯专政，上整干部，下整群众，制造大量冤案、错案、假案，把许多老同志打倒，把大批干部和群众打成'走资派'、'反革命'，进行残酷迫害。"②

1977年12月10日，胡耀邦同志被任命为中组部部长。面对这大量的冤案、错案、假案，胡耀邦同志遵照党的实事求是、有错必纠的原则，以勇于亮剑的胆略，率领组织部全体同志，开始了一场人类历史上最艰难的冤案、错案、假案平反工作。

平反工作的艰难，当今的人们难以想象。虽然"四人帮"被打倒了，但阻碍的势力依然存在。下面的片段记载就可以看出当时这项工作的艰辛。

1978年2月中组部决定召开省市区党委组织部长分批参加的座谈会。

---

① 资料来源：蔡子强，《为将之道》，《海外星云》2005年第21期。
② 转引自刘济生：《论胡耀邦平反冤假错案》，2010年8月炎黄春秋网刊外稿。

胡耀邦与几位局长谈话后经过一番思考，决定由中组部调查组的高奇同志来主持这一系列的座谈会。

戴煌先生在他所著的《胡耀邦与平反冤假错案》一书中记载了下面的内容：

耀邦把高奇请到自己办公室，对他说："你来具体操办'疑难案例座谈会'怎么样？"

高奇说："我还没主持过这样的会，中央又没有解决疑难案件的政策界限。"

"政策界限一时还没有，"耀邦说，"这得靠我们去讨论实践。我现在只能给你四个字：实事求是。你就按这个精神去掌握。"

高奇仍面有难色。他说："您已知道我资历浅，而座谈会要研究的案例，许多都是省部级领导干部的问题，我……我……"

因为会期已临近，耀邦毕竟有些急。他快步走到高奇面前，指着他说："你还记得《论语》中的这句话吗？'见利思义，见危授命'。还有，李大钊同志有一句名言：'铁肩担道义，妙手著文章。'你这也是见危受命，去担起我们党的道义。在目前形势下，我们不下油锅，谁下油锅？！"

"再说，如果以后形势有了'重大变化'，首先处分我，然后再处分你，怎么样？因为是我叫你干的！"

高奇被深深地感动了。他觉得，耀邦的这一言一行，都透现出一位真正共产党人的非凡胆略和勇气，对党对人民的极端负责精神，他应该学习。他霍地立起身，握着耀邦的手："胡部长！您放心，我一定尽我最大的努力，按您的意见办好这件事！"

第一次座谈会，于1978年2月下旬在万寿路中组部招待所如期举行。

通过上面的记载，我们看到了胡耀邦同志勇于担当的胆略和气魄。

据新华月报社所编的《中华人民共和国大事记》，至1982年底，全国共平反纠正了约300万名干部的冤假错案，数以千万计的无辜受株连的干部和群众得到解放。

谷文昌也是一个为了责任担当，敢于承担风险的人。溃败台湾前，国民党残部疯狂抓壮丁，从仅有1.2万余户的东山，抓走4792名青壮年，留下了日夜思儿的白发爹娘、倚门望夫的新婚少妇、无依无靠的鳏寡孤独。

这些壮丁家属人数众多，遍及全岛。依照两岸当时硝烟对立的情势，这些壮丁家属是不折不扣的"敌伪家属"。一旦扣上"敌伪"帽子，就是阶级敌人。"壮丁们是被捆绑走的，他们的家属是受害人。""共产党人要敢于面对实际，对人民负责。"时任东山第一区区委书记的谷文昌，向县委建议：把"敌伪家属"改成"兵灾家属"。

东山县委经认真调研并报上级同意后，采纳了这个建议，一律称作"兵灾家属"，并决定对这些家属，政治上不歧视，经济上平等对待,生活困难给予救济,孤寡老人由乡村照顾。

两字之差,天地之分。一项德政,十万人心!①

把"敌伪家属"改成"兵灾家属",在当时的环境下,说出了就不容易,更何况要做出来。谷文昌承担的风险显而易见。但是,他本着对党和人民负责的态度,以常人难以想象的魄力承担了这一风险。从而解决了数万家庭的困苦,赢得了人心。

两年后的"东山保卫战",验证了这一切。1953年7月,国民党部队万余人突袭东山,我守岛部队不过千人,兵力悬殊。东山群众特别是妇女,肩挑手拎,车轮滚滚,为前线运水送粮。刘阿婆家里曾被抓走3名壮丁,她不仅挑水支前,还隐藏保护了两名负伤的解放军战士。

"国民党抓走我们的亲人,共产党把我们当成亲人养。哪怕做鬼,我也愿为共产党守岛!"保卫战后在评选立功受奖的东山群众时,那些失去亲人的妇女竟占了一半以上,刘阿婆也荣获一等功臣。②

---

① 吴焰、赵鹏、孔祥武:《人生一粒种 漫山木麻黄——谷文昌的生前事身后名》,2015年4月7日《人民日报》。

② 吴焰、赵鹏、孔祥武:《人生一粒种 漫山木麻黄——谷文昌的生前事身后名》,2015年4月7日《人民日报》。

（四）面对繁重任务，争先抢挑在肩

面对繁重的工作任务，争先抢挑在肩，也是领导干部培养担当胆略气魄的重要路径。因为繁重的工作任务，完成起来难度大，需要费心费力，而有时甚至是费心费力也不一定能把工作任务完成好。而费心费力却没能把工作任务完成好，就可能受到他人的责难。这就需要有一种胆略气魄来承担责任的同时，还要承担责难。

第一，关键时刻能站出来。 关键时刻能站出来，是指领导干部在繁重的工作任务面前，能迎着繁重的工作任务上，在党和人民需要的时候能勇挑重担。海军总医院护理部总护士长、"南丁格尔"奖章获得者王文珍同志就是这样的党员领导干部。

1986年，医院成立急诊科。人们都知道，急诊科护理任务繁重而且危险性高，但王文珍义无反顾地来到了急诊科，而且一干就是22年。

急诊科曾经收治过一位身患艾滋病的20多岁的小伙子。当这个小伙子知道自己得了艾滋病之后，他非常绝望，最后选择跳楼自杀。当人们把他送到医院时，他已经是生命垂危了，呼吸道存有大量的分泌物。

王文珍在为这位艾滋病患者吸痰时，被患者的呕吐物喷了一脸。但抢救必须争分夺秒，她来不及抹去脸上的呕吐物，继续为

病人吸痰。经过紧急处置，病人终于恢复了意识。

当时，一些医护人员对这位有艾滋病史的患者心存恐惧，王文珍就主动承担其护理工作。

在急诊观察室的20多天里，她像对待自己的亲弟弟一样，为病人洗头洗脸、剪指甲、刮胡子，及时帮他换洗衣服，逢休息时还陪他聊天。

病人因跳楼截瘫后，排便功能出现障碍。为减轻他的痛苦，王文珍就戴上手套为他掏大便。

病人出院时泣不成声地对王文珍说："自从我得了艾滋病，连许多亲友都有意疏远我，而您却一直照顾我，我真想叫您一声姐姐！"

面对有可能被感染的关键时刻，王文珍同志没有躲避，没有退缩，而是勇敢地冲在前面，勇担重任，这是共产党员先进性的体现。

第二，生死关头能豁出来。生死关头能豁出来，是指为了保护国家和人民的利益，在危险面前毫不畏惧，敢于挺身而出，英勇斗争，不怕牺牲。

人的生命只有一次，但具有担当胆略气魄的领导干部在生死关头能置自己的生命于不顾，保护国家和人民的利益。在2003年抗击"非典"这场没有硝烟的战斗中，海军总医院是北京地区最早收治非典患者的医疗单位之一，急诊科作为主战场，王文珍第一个请战:"不管这种病有多大的传染性,只要病人来了,我先上!"

一天,医院收治了一位重症非典女患者。这位患者被隔离之后情绪十分低落,不配合治疗,甚至有轻生的念头。

王文珍主动去耐心说服病人。不管病人怎样发脾气,她都不离不弃,每天给病人喂水、喂饭、倒大小便,和她拉家常,鼓励她增强战胜病魔的决心。

2008年5月12日,汶川特大地震发生之后,王文珍同志主动请缨参加医疗队。

在绵阳市中心医院的1000多名伤员中,有许多危重病人急需手术。没有担架,王文珍和她的战友们硬是用沉重的门板,将19名危重病人抬到6层手术室抢救。

手术进行到一半时,突发6级余震,王文珍和在场的医生护士全部弯下腰用身体保护伤员直到余震停止。①

王文珍同志用她的言行生动地诠释了共产党员是一个什么样的人,诠释了党员领导干部担当的胆略和气魄。

---

① 王文珍事迹资料来源:《中国南丁格尔:没有硝烟的战场上的"提灯女神"》,2011年9月22日中国文明网。

九、筑牢担当的道德基础

2014年5月,习近平总书记在河南考察时强调:"党员干部要努力以道德的力量去赢得人心、赢得成就。"领导干部要有责任担当,需要筑牢道德基础,尤其是政治道德基础。

(一)对党和人民忠诚老实

"领导干部要心存敬畏,对党忠诚老实,对群众忠诚老实。"这是2013年8月28日至31日习近平总书记在辽宁考察时所强调的一句话。

第一,忠诚,是领导干部的政治本色。领导干部有"忠诚",才能牢记自己的责任,才能全心全意为人民服务,才能清正廉洁一尘不染,履行使命。

古今中外,人们对忠诚向来是推崇备至,认为它是做人的根基,是生命不可缺少的元素。我国清代的魏裔介说:"忠诚敦厚,人之根基也。"苏联著名作家费定说:"忠诚好比呼吸。它要是发生摇动，你就会立刻窒息。"

忠诚之士，也是人们广为赞叹传颂的对象。苏武"历尽难中难，心如铁石坚"的牧羊故事，岳飞"精忠报国"的事迹，文天祥"人生自古谁无死，留取丹心照汗青"的诗句之所以能够千古流传，就是明证。

第二，忠诚，是领导干部担当的根基。世上不缺少有才干的人，而缺少有才干而又忠诚的人。领导干部的责任担当，需要有才干，但是，仅有才干是不够的，有才干还得有忠诚。

如果没有忠诚，他的才干能力也是不能完全真正地用到党和人民的事业中，甚至还会损害党和人民的利益。比如说重庆市司法局原局长文强。

文强曾经主办过好多起大案、要案。譬如 1992 年震惊全国的重庆警匪枪战；1994 年的中国第一盗案；2000 年的重庆抢劫运钞车案；2000 年的张君案。说到张君案，媒体还报道过这样一个细节：

2000 年 9 月 19 日晚，中国头号悍匪张君被重庆警方擒获，倒在地上。时任重庆市公安局副局长的文强，一脚踏在他的脸一侧，厉声喝问："你服不服？"这次抓捕，让文强声名远扬。

我们不能否认文强有能力。但他有能力却没有忠诚。因为没有忠诚，背叛了党和人民。他贪污受贿，为黑势力充当保护伞。2010 年 7 月 7 日上午，文强被执行注射死刑。

就此而言，领导干部的担当不仅要增强能力，更要培养对党、对国家、对人民的忠诚。这是安身立命之本，也是担当的根基。

第三，忠诚，胜于智慧和能力。 美国著名作家阿尔伯特·哈伯德说："如果能捏得起来，一盎司忠诚相当于一磅智慧。"我国也有名人这样说："再多的智慧也抵不过一丝的忠诚"、"忠诚胜于能力"。

中外名人的话虽然表达形式不同，但意思都是相同的，忠诚胜过智慧，忠诚胜过能力。

老一辈无产阶级革命家陈毅同志在他《六十三岁生日述怀》中有这样一句话："我是一党员，更应献至诚。"

对党、对国家、对人民"献至诚"，应该是领导干部在政治道德上达到的最高境界，是对领导干部的最高政治要求。

对党和人民的忠诚来源于坚定的政治信仰。贺龙的堂弟、革命烈士贺锦斋，用他的言行给后人树立了榜样。

1928年7月，身为中国工农红军第四军第一师师长的贺锦斋，率领部队转移途中，被敌人包围。在与敌人作最后决死的一战之前，他给弟弟贺锦章写下了一封家书。家书中写到：

我承党殷勤的培养，我决心向培养者贡献全部力量，虽赴汤蹈火而不辞，刀锯鼎镬而不惧。信后还附诗两首，其中一首有这样一句话："吾将吾身献吾党。"

这就是对党的忠诚。为了党的事业,"虽赴汤蹈火而不辞,刀锯鼎镬而不惧",并心甘情愿献出自己宝贵的生命。

(二) 坚守诚信价值观不动摇

"诚信"一词,大家耳熟能详,很多关于诚信的千古警句至今仍使我们受益匪浅,如"言必行,行必果。""人而无信,不知其可也。""信言不美,美言不信"等等。如今,社会主义核心价值体系又把诚信作为其重要的内容。显而易见,诚信是一个既古老又常新的话题,而且是一个重要的价值观的问题。领导干部的责任担当,需要践行诚信的价值观来作为保障。

第一,实事求是,求真务实。践行诚信价值观,首要的一步,是要做到"诚",即言而有诚,不说空话,不自欺、不传递虚假信息。有些人往往信誓旦旦地许了诺,但是由于说了不切实际的大话、空话,结果没有能力或根本无法兑现,最终落个不守信用的鄙夷评价。

要做到"诚",必须要实事求是,求真务实。这是诚信要求的首要之点。

实事求是,就是要搞清楚"事实",不歪曲事实,不夸大、不缩小事实,一切以事实为基础和依据。

求真务实,就是一切从实际出发,想问题、办事情、做决策,都要把客观存在的实际事物作为根本出发点。

力求实事求是、求真务实，是诚信的基础和前提条件。没有"诚"，就没有真正的"信"。

第二，信守诺言，兑现承诺。这是诚信之"信"的根本要求。如果只有信誓旦旦的承诺，而没有身体力行地兑现，所谓承诺就是一张空头支票，没有任何价值。

信守诺言，兑现承诺，是忠实地遵守承诺的话，并践行承诺的事情。古人云："一言既出，驷马难追。""一言九鼎，一诺千金。"既然承诺了，就要忠实地遵守，就要想方设法兑现。

信守诺言，兑现承诺，无论是对于领导干部个人，还是对于组织，都非常重要。

一个领导干部如果只是信口开河，而不去兑现，就会失去别人的尊重和信任；一个组织如果只是空喊美好的社会理想，而不去践行，就会失去公信力。

（三）坚持原则，敢抓敢管

2011年11月23日，时任中共中央政治局常委、中央书记处书记、中央党校校长的习近平在北京与中央党校学员座谈。他在座谈中指出："坚持原则，敢于负责，勇于担当，体现着共产党人的蓬勃朝气、浩然正气、昂扬锐气，反映着领导干部强烈的事业心和责任感。……要坚持德才兼备、以德为先的用人标准，注重选用那些坚持原则、敢于负责的干部。"

领导干部要筑牢责任担当的道德基础，还必须培养坚持原则、敢抓敢管的昂扬锐气。这也是责任担当的本质要求。

第一，敢于碰硬。坚持原则，敢抓敢管，必须敢于碰硬。对那些急、难、险、重等棘手问题，敢于迎难而上，不畏惧、不退缩、不回避，知难而进，大胆深入的去调查、去追究、去解决。四川省南江县原县委常委、县纪委书记王瑛就是一位敢于碰硬的领导干部。

2003年5月，王瑛接到了一封举报信。她立即召集会议分析案情，迅速展开调查。在办案的过程中，各种阻力接踵而至，有人甚至扬言："敢查这个案子，你几爷子是不想活了。"王瑛没有被吓倒，她鼓励办案人员："自古邪不压正，只要我们坚持一查到底，真相终将大白于天下。"

专案组同志听了王瑛这样一说，深受鼓舞，继续工作。王瑛不辞辛苦，连续奋斗5天5夜，她亲自对主要涉案人员进行谈话，相继突破3名关键人物，使案件查办取得实质性进展。两个月的时间，在王瑛的指挥下，专案组果断查结了这起重大案件，10名违纪违法人员受到应有的法律制裁和党政纪处分。①

第二，一抓到底。坚持原则，敢抓敢管，就要一抓到底。遇

---

① 资料来源：《一片丹心书正气——追记中共南江县委常委、纪委书记王瑛》，2009年2月6日中国共产党新闻网。

到问题，碰到矛盾，要坚持按原则办事，不畏惧、不退缩。

中国第一艘核潜艇的诞生，就与聂荣臻元帅的这种一抓到底、不畏惧、不退缩的精神分不开的。

新中国建立初期，船舶工业基础比较薄弱，技术落后。我国海岸线漫长，没有先进的舰艇是不行的。当时，主管国防工业科研工作的聂荣臻元帅，在得知核潜艇的重要作用后，决心为中国建造自己的核潜艇。

1958年6月，聂荣臻元帅以自己的名义起草了一份绝密报告：《关于开展研制导弹原子潜艇的报告》。这份报告很快得到了几位重要领导人的批示，毛泽东同志下决心："核潜艇，一万年也要搞出来。"

1962年，苏联撤走了所有的原子能专家，给研制工作带来了很大的困难。再加上当时正赶上三年自然灾害，国家没有力量同时支撑原子弹与核潜艇两个项目，于是，有关方面决定先搞原子弹，让核潜艇研制工作下马。

聂荣臻元帅当时表示，核潜艇工作必须坚持下去，不能下马。

在他的坚持下，终于得到了周总理的支持，保留下来一个由50多人组成的核动力研究室，继续研究。

1967年6月，"文化大革命"在全国蔓延开来，聂荣臻元帅和一大批老同志被诬为"二月逆流"，受到了林彪、江青一伙人的迫害。为了保证研究工作不被中断，聂荣臻元帅在北京民族饭店召开了由主要工程负责人参加的会议，他在会上说："核潜艇工程是毛主席亲自批准的，中央集体研究决定的一项关系着国防建设的重要工程。任何人也没有资格，没有理由让它半途夭折！"在得知那些造反派对核潜艇研制工作横加干涉和阻挠后，他愤怒地大声说："不要理他们！抓国防建设，何罪之有？就是戴手铐，核潜艇工程我也抓定了！"

尽管如此，在造反派的干扰下，核潜艇研制工作还是未能很好的开展。这时，为了能够使工作继续下去，不受影响，核潜艇工程办公室的同志们以中央军委的名义发了一个《特别公函》，说明了核潜艇工程的重要意义，并作出了几条任何人不得违反的规定，并把研制任务一个单位一个单位的落实下去。

当最后报请聂荣臻元帅审批的时候，尽管他被诬为"二月逆流"而正遭受压制和打击，可是，他没有顾忌，毫不犹豫的签发了这份《特别公函》。

有了这份《特别公函》，等于研制核潜艇成为了最高统帅部的指示，从而保证了核潜艇研制工作一直下去，没有再中断过。在聂荣臻元帅的带领下，我国终于在1970年将第一艘核潜艇研制成功。①

可以讲，如果没有聂帅的坚持担当，中国的核潜艇不知还要再拖延几年才能被研制出来。

领导干部在工作中，凡属于国于民有益的事情，就应该像聂帅那样，坚持原则，不怕歪风邪气，克服畏惧心理，坚持一抓到底。如果"怕"字当头，是干不好工作，担当不好责任的。

第三，不屈不挠。坚持原则，敢抓敢管，还需要有不屈不挠的勇气，在压力和困难面前不屈服。

坚持原则，敢抓敢管，说起来容易，做起来不易。领导干部在坚持原则，敢抓敢管时，会面对各种各样的困难，会遭遇各方面的压力，这就需要有不屈不挠的精神。领导干部有了这种不屈不挠的勇气，才能顶住压力，战胜困难，担当好责任。

（四）永葆清正廉洁的政治本色

永葆清正廉洁的政治本色，是筑牢责任担当道德基础的重要一环。习近平总书记指出："党风廉政建设，是广大干部群众始终关注的重大政治问题。'物必先腐，而后虫生'。"领导干部如何永葆清正廉洁的政治本色呢？

---

① 资料来源：《聂荣臻与中国第一艘核潜艇》，2006年8月3日中国网。

第一，自觉遵守廉政准则。2009年12月29日，中共中央政治局召开会议，听取中央纪委2009年工作汇报，分析当前党风廉政建设和反腐败工作形势，研究部署2010年党风廉政建设和反腐败工作，审议并通过《中国共产党党员领导干部廉洁从政若干准则》。

2010年1月18日，《中国共产党党员领导干部廉洁从政若干准则》（以下简称《廉政准则》）正式发布实施。《廉政准则》用"52个不准"规范了党员干部的行为。例如，"不准索取、接受或者以借为名占用管理和服务对象以及其他与行使职权有关系的单位或者个人的财物"；"不准接受可能影响公正执行公务的礼品、宴请以及旅游、健身、娱乐等活动安排"；"不准在公务活动中接受礼金和各种有价证券、支付凭证"；"不准以交易、委托理财等形式谋取不正当利益"；"不准在干部选拔任用工作中封官许愿，任人唯亲，营私舞弊"，等等。

《廉政准则》的这些规定对规范领导干部的行为，保证其清正廉洁具有十分重要的作用。领导干部需要认真学习这些规定，自觉遵守这些规定。

第二，自觉向廉政典范学习。榜样的力量是无穷的。在清正廉洁方面，周恩来同志和焦裕禄同志都给各级领导干部做出了非常好的榜样。

陈毅同志曾经这样评价周恩来："廉洁奉公以正治国者，周恩来也。"这是对周恩来客观而公正的评价。

1963 年 1 月，周总理和邓颖超同志到苏州，看望陈云同志。当周总理离开时，接待人员搞了一些"苏式糖果"，准备送给周总理。

邓颖超同志立即叫随行人员付款。当总理知道是按成本收费时，就坚持按市场价把钱全部补上，并严肃地说："我们是人民的勤务员，决不能搞特殊化。你们搞接待工作的同志，要牢记这一点啊！"

焦裕禄同志是县委书记的好榜样。习近平总书记要求各级干部："学习和弘扬焦裕禄同志廉洁奉公、勤政为民，为党和人民事业鞠躬尽瘁、死而后已的奉献精神，大兴敬业奉献之风。"

焦裕禄严守党纪党规，从不利用手中的权力为自己和子女、亲属谋取任何好处。焦裕禄的大哥在尉氏县乡下。一天，焦裕禄的大嫂从尉氏县来到兰考，要焦裕禄在兰考给初中毕业的侄子安排个工作。听了大嫂的要求，焦裕禄摇了摇头，对大嫂说："不中。我是县委书记，县委书记怎么能违反国家政策呢！"大嫂见焦裕禄拒绝了自己的要求，很生气，说："俺这穷亲戚攀不上你这当大官儿的。"说罢，就头也不回地走了。

焦裕禄亲自起草了《干部十不准》，即不准请客送礼；不准大吃大喝、铺张浪费；不准用公款组织晚会；不准看戏不掏钱；不准到商业部门、合作社部门要求特殊照顾；不准利用职权为亲属、子女安排工作；不准任人唯亲，搞小圈子；婚丧嫁娶不准大操大办等。规定任何干部在任何时候都不能搞特殊化。习近平总书记指出:"焦裕禄同志以勤政为民、廉洁奉公的实际行动,展现了共产党人的高尚情操,在人民群众心目中树立了崇高的形象。"

第三,慎独慎初慎微慎友。2014年3月18日上午,习近平总书记在听取兰考县教育实践活动情况汇报时,发表了重要讲话。他在讲话中要求各级领导干部:"对一切腐蚀诱惑保持高度警惕,慎独慎初慎微,做到防微杜渐。"

慎独,就是在无人监督之处仍能谨慎自律,严格要求自己。

一般说来,在众人的眼皮子底下,在组织和领导的监督之下每个人都较能注意自己的言行,注意自己的修养。但在"无人监督之处",却容易放松对自己的要求,甚至做一些为人所不齿的事。这是道德修养的大忌。

慎初,就是戒慎于事情发生之初,守住第一道防线,把住第一道关口。

明朝人张瀚在他所撰写的《松窗梦雨》中,讲过一个发人深省的故事:

张瀚初任右副都御史时,前去参见左都御史王廷相。王廷相给他讲了一则"乘轿见闻":

我昨天乘轿进城,途中遇雨。有个轿夫穿着一双新鞋。开始时,他"择地而蹈",害怕泥水弄脏了新鞋。后来,他不小心踏进了泥坑,于是,就"不复顾惜"了。

讲完这段见闻之后，王廷相感慨地说："居身之道，亦犹是耳，倘一失足，将无所不至矣！"

张瀚说，他"退而佩服公言，终身不敢忘"。

很显然，王廷相是想用这个故事告诉张瀚，要"慎初"，否则，一失足就会滑向罪恶的深渊。

这个故事告诉各级领导干部：一定要"守住第一道防线"，决不能迈出危险的第一步。

万事皆有初。守不住第一道防线，将会毁其终生。贪官落马无不与最初的不慎有着直接的关系。正如北宋理学家、教育家程颐所说："一念之欲不能制，而祸流于滔天。"

党的领导干部如果想为自己的人生画一个圆满的句号，他就必须"守住第一道防线"，不能迈出危险的第一步，一旦迈出了危险的第一步，就会"不复顾惜"，最终就不可能有善终。

湖北省监利县原县委书记杜在新忏悔中说，第一次收下两位下属各一万元钱后，自个儿"就像一辆汽车，自己只有购置权，可是方向盘握在别人手里，刹车踩在别人脚下，从此这辆车的方向就不在自己的控制之中了"。

慎微，就是重小处、重细节、重微末，在"小节"处下功夫。"轻者重之端，小者大之源"。许多人就是因为开始时小节不检点而走上犯罪道路的。他们认为"吃点、喝点、拿点、占点"算不了什么，打一点擦边球无所谓。岂不知，就是这吃点、喝点、拿点、占点最后毁了自己。正如北齐的刘昼所说："尺蚓穿堤，能漂一邑；寸烟继突，改灰千室。"小小的蚯蚓，能穿透河堤，于是，决堤的河水能淹没一邑；从烟囱里发散出来的丝丝烟尘，久而久之，就能把成百上千洁净的房屋污染。所以，领导干部一定要时刻注意自己行为中的每一个细小环节，"勿以善小而不为，勿以恶小而为之"。

慎友，就是结交朋友要谨慎。领导干部在社会中生活，不能没有朋友。但交什么样的朋友，却对领导干部的前途命运有着至关重要的影响。"近朱者赤，近墨者黑"。因此，清朝重臣曾国藩认为："一生之成败，皆关乎朋友之贤否，不可不慎也。"

有些领导干部走上犯罪的道路，就是跟交错了朋友有着直接的关系。例如，被判处死刑的江西省原副省长胡长清。

胡长清在检讨他走上犯罪道路的原因时说："自己滑入犯罪深渊，除了主观上放松了世界观改造，私欲膨胀，客观上私营企业主也在千方百计寻找支持，发展牟取自己利益的强有力的后台，意志薄弱者，很容易被拉过去，我就是被他们用这种方法勾引过去的。从吃喝几顿到逐步熟悉，交上了朋友。经常往来也就无所顾忌了。思想上一放松，对朋友送些钱物感到很自然，侥幸希望他人不会知道，根本没想到这是在走向犯罪的深渊。继而在朋友相求帮忙时，为他们办一些事情也就理所当然了。首先勾引我走向犯罪的是李某。"

胡长清所说的这位李某，年纪虽然才三十出头，而且经商时间也不是很长，但暴发的速度却相当惊人，几乎是一夜之间就成了南昌城颇有几分名气的款爷。

1996年下半年，李某通过他人介绍认识了胡长清。初次见面，李某便提出请胡长清吃晚饭，以此来试探胡长清。没料到胡长清一被邀请，就极给面子，立刻就接受了邀请。

饭后，李某又进一步提出要到胡长清的住处看看。在胡长清的住处，李某见宾馆给胡房间配的是一台21英寸的赣新牌彩电，便对胡长清说："省长住处不能太寒酸，生活也不能太寂寞，我给您丰富丰富业余生活。"

第二天，李某就给胡长清送去了价值一万余元的一台松下29英寸的彩电和一台"爱多"影碟机。胡长清自然笑纳了。从此，也就与李某拴在了一个板凳上。

而在胡长清所傍的那些"大款"当中，最铁杆的，非周雪华莫属。

周雪华为江西奥特汽车租赁有限总公司总裁，他送给胡长清的贿赂款，总计有320万元之多。

"投之以桃，报之以李"。胡长清也没有让周雪华失望。1997年7—8月间，奥特公司急需一笔贷款，胡长清随之给某城市信用社负责人打招呼，为周雪华违规贷款200万元。

这一年11月，周雪华如法炮制又顺利地得到了325万元的贷款。周雪华想和南昌柴油机厂合作，利用其仓库改建一个停车场。胡长清为他办了四件事情：审批停车场、办理停车场通行证、拆围墙修门楼、贷款。胡长清为此还专门对交通厅发出了措辞严厉的批示。

胡长清与他的大款"朋友"是真正的朋友吗？非也。请看他们各自的表白。

胡长清曾对大款说："权就是钱，现在我花你们几个钱，以后等我当了大官，只要写个字条，打个电话，你们就能几百万、几千万地赚。"

再看胡长清的铁杆"朋友"周雪华是怎样说的："我记得谁说过这么一句话：人啊，一是用针刺自己的肉很痛，二是从自己口袋里掏钱给别人也会心痛。"

原来，周雪华给胡长清送钱时也是如锥刺肉。那为什么如锥刺肉地疼痛还要送呢？显然是为了获取更大的利益。

案发后，周雪华这样形容他与胡长清的权钱交易关系："有句古诗说，'游鱼贪食，钓者诱之，人皆责鱼，我责钓者。'有时候我觉得我是钓者，把一个有副省长之尊的胡长清钓住了，拉上了他这层关系。但有时我又在想，我也是个贪吃的鱼，不正是因为他的权力钓走了我的金钱。"

胡长清之死告诫领导干部，交友一定要谨慎。谨慎，就是说交友要有选择，该交的朋友交，不该交的朋友一定不能交。

十、夯实担当的思想基础

习近平总书记指出:"对党员、干部来说,思想上的滑坡是最严重的病变,……思想上松一寸,行动上就会散一尺。"这明确地说明了思想对人的作用。由此而言,责任担当,夯实其责任担当的思想基础十分重要。

(一) 树立正确的价值观

"价值观是一种处理事情判断对错、做选择时取舍的标准。"有人说:"现象是大海表面的泡沫,本质则是隐在水下的深流。"为什么同样的外在客观条件,有的领导干部清正廉洁,无私奉献;有的却贪污腐化,走向犯罪的道路?说到底,是价值观的差异。

价值观是人的一种内心尺度,对人生道路的选择具有重要的导向作用。一个人走什么样的人生道路,选择什么样的生活方式,选择什么样的工作态度,都是在一定的价值观的指导下进行的。换句话讲，价值观决定人的价值取向，决定人实现价值的行为方式。

美国黑人领袖马丁·路德·金说过："这个世界上，没有人能使你倒下，如果你的信念还站立着的话。"

面对敌人的屠刀，夏明翰没有"倒下"。因为"砍头不要紧，只要主义真"。

面对敌人的严刑和诱降，方志敏没有"倒下"。因为"为着阶级和民族的解放，为着党的事业的成功，我毫不稀罕那华丽的大厦，却宁愿居住在卑陋潮湿的茅棚；不稀罕美味的西餐大菜，宁愿吞嚼刺口的苞粟和菜根；不稀罕舒服柔软的钢丝床，宁愿睡在猪栏狗窠似的住所！不稀罕安逸，宁愿一天做十六点钟的劳苦！不稀罕富裕，宁愿困穷！"

面对物欲横流的社会，吴天祥没有倒下。因为"得民心的事要多做，贴民心的事要多干，违民心的事不能沾边"；"我要是拿了别人一分钱，我自己就不值一分钱。"这就是价值观的力量。

我在学习焦裕禄事迹的时候，一直在思考一个问题：焦裕禄的价值观到底是什么？我认为，焦裕禄的价值观，就是全心全意为人民服务。全心全意为人民服务是中国共产党的根本宗旨，也是共产党人始终恪守的价值核心。领导干部如何树立正确的价值观？

第一，积极培育社会主义核心价值观。党的十八大报告在强调建设社会主义核心价值体系的基础上,首次提出了"倡导富强、民主、文明、和谐,倡导自由、平等、公正、法治,倡导爱国、敬业、诚信、友善,积极培育社会主义核心价值观。"党的十八大之后,党中央又确定了以"富强、民主、文明、和谐、自由、平等、公正、法治、爱国、敬业、诚信、友善"这 24 个字为社会主义核心价值观的内容。

"富强、民主、文明、和谐"是从国家层面提出的国家主导价值观,在核心价值观中居于统领地位;"自由、平等、公正、法治"是针对社会层面提出的社会主流价值观,是核心价值观的重要支柱;"爱国、敬业、诚信、友善"是立足个人层面提出的公民个人的道德价值准则,是核心价值观的重要基础。

第二,自觉践行社会主义核心价值观。习近平总书记强调:"核心价值观的养成绝非一日之功,要坚持由易到难、由近及远,努力把核心价值观的要求变成日常的行为准则,进而形成自觉奉行的信念理念。"这实际上说明了如何自觉践行社会主义核心价值观的问题。

自觉践行社会主义核心价值观,就要努力把核心价值观的要求变成日常的行为准则,就要形成自觉奉行的信念理念。

(二)坚定正确的理想信念

2014 年 3 月 18 日上午,习近平总书记在听取兰考县群众路线教育实践活动情况汇报时,发表了重要讲话。他在讲话中强调:"抓作风建设,就要返璞归真、固本培元,重点突出坚定理想信念、践行根本宗旨、加强道德修养。"习近平总书记对理想信仰还有个形象的比喻:"理想信念就是共产党人精神上的'钙',没有理想信念,理想信念不坚定,精神上就会'缺钙',就会得'软骨病'。"

第一,正确而崇高的理想是特殊的阳光。理想,是对美好未来有根据、合理的设想。古人称之为"志"。我国自古以来就有重视理想的传统,认为"一息尚存,此志不容稍懈",把理想与生命等同视之。

理想,是人生的奋斗目标。人有理想,生活才有意义;人有理想,生命才有美丽。领导干部有了崇高的共产主义理想信念,才能有前进奋斗的精神动力,也才能永远保持先进性和纯洁性。

古往今来,大凡有所作为者,都是有崇高而远大理想之人。比如说周恩来,在他12岁的时候,就树立了要"为中华崛起而读书"的理想。

1910年,12岁的周恩来在沈阳东关模范学校读书。一天,老师在课堂上问同学们:"读书是为了什么?"有的同学回答说:"是为了帮助家父记账。"有的同学说:"是为了将来做官光耀门庭。"当周恩来回答这个问题时,他庄重地答道:"为中华崛起而读书!"

为什么古往今来，大凡有所作为者，都是有崇高而远大理想之人？

俄国著名作家谢德林的答案是："理想是一种特殊的阳光，没有阳光赋予生命的作用，地球会变成石头。"

德国著名诗人歌德的答案是："我们的生活就像旅行，理想是导游者，没有导游者，一切都会停止。目标会丧失，力量也会化为乌有。"

我国改革开放的总设计师邓小平的答案是："有远大的理想，才能永远保持前进的勇气和方向。"

党员领导干部要坚定共产主义理想。共产主义理想就是领导干部前进的方向，就是领导干部奋斗的目标。

杨善洲同志也说过："理想信念是革命者的精神支柱，有了这个精神支柱，就会产生勇敢和毅力，就能克服一切艰难险阻，就能经得起生死的考验。"

古往今来，大凡有所作为者，也都是矢志不渝地追求崇高而远大理想之人。比如说朱德。

朱德早年曾参加过讨伐袁世凯称帝的起义，做过滇军的少将旅长。但是，当他认识到滇军成了军阀谋取私利的工具，听到中国共产党在上海宣告成立的消息后，他便毅然地抛弃了滇军将军的高位和优厚待遇，到中国共产党的诞生地上海寻找革命真理和中国共产党。

然而，由于他曾在旧军队中当过少将，当时的党中央领导人陈独秀，对他参加革命的诚意表示怀疑：要参加共产党的话，必须以工人的事业为自己的事业，并且准备为它献出生命。对于像你这样的人来说，就需要长时间的学习和真诚的申请。

由于陈独秀的拒绝，朱德加入中国共产党的愿望没能得以实现。面对挫折，朱德没有气馁。他从自己的切身体会中认定了中国共产党才是中国新兴革命的旗帜。于是，在1922年的秋天，他搭上"阿尔及利亚"号轮船，启程去了欧洲。

他先后到了法国的马赛、巴黎和德国的柏林，费尽周折，终于寻找到中国留学生组成的中国共产党支部，拜见了中国共产党旅欧总支部负责人周恩来。

共同的理想信仰，使他俩一见如故。通过长时间推心置腹的交谈，他们解下了深厚的友谊。这年冬天，经周恩来同志的介绍，朱德同志光荣地加入了中国共产党。

据朱德同志后来回忆说，从此他抛弃了旧我，开始了最有意义的革命的新生，为共产主义理想英勇斗争，革命到底。

历史证明，朱德为了共产主义理想一直是英勇斗争，从来没有退缩过，而且是不惜一切代价走向伟大目标。

崇高而远大的理想追求是要付出代价的。朱德同志为了他的崇高而远大的理想，放弃了高官厚禄，忍受了误解冷遇，并不惜漂洋过海去追寻。这是真正的理想追求。正是这种真正的理想追求，造就了优秀的共产主义战士和伟大的人民革命领袖。

第二，要为正确而崇高的理想不懈奋斗。树立了正确而崇高的理想，还要不懈地为之奋斗，甚至付出生命的代价也在所不辞。谭嗣同、李大钊等就是为理想而献出生命的人。

谭嗣同是中国近代资产阶级著名的政治家、思想家。他是一个有着正确的理想信仰，而且为着理想信仰，不惜以生命来担当的人。

1898年，谭嗣同参加领导了戊戌变法。戊戌变法失败后，谭嗣同决心以死来殉变法事业，用自己的牺牲去向封建顽固势力作最后一次反抗。他把自己的书信、文稿等交给了梁启超，要梁启超东渡日本避难。梁启超劝他同去日本，谭嗣同慷慨地说："不有行者，无以图将来，不有死者，无以召后起。"

日本使馆派人与谭嗣同联系，表示可以为他提供"保护"，谭嗣同毅然回绝道："各国变法无不从流血而成，今日中国未闻有因变法而流血者，此国之所以不昌也。有之，请自嗣同始。"

谭嗣同在狱中，意态从容，神情镇定，并在狱中的墙壁上写下了这样一首诗："望门投止思张俭，忍死须臾待杜根。我自横刀向天笑，去留肝胆两昆仑。"1898年9月28日，年仅33岁的谭嗣同于北京宣武门外菜市口英勇就义。就义时，他神色自若，高声大喊："有心杀贼，无力回天，死得其所，快哉快哉！"

中国共产党主要创立人之一的李大钊也是如此。李大钊曾经书写过"铁肩担道义,妙手著文章"的著名对联。这副对联,也是他光辉一生的真实写照。为了追求共产主义理想,追求民族的独立和人民的解放,李大钊同志置个人生死于度外。

1927年4月28日,李大钊面对敌人的绞刑架,发表演说:"不能因为你们今天绞死了我,就绞死了伟大的共产主义!我们已经培养了很多同志,如同红花的种子撒遍各地。我们深信,共产主义在世界、在中国,必然要得到光荣的胜利!"

在生与死考验的时刻,李大钊从容地选择了为他认定的理想和事业而献出生命。

(三)解放思想,实事求是

2012年5月16日习近平总书记在中央党校春季学期第二批入学学员开学典礼上的讲话中要求:"各级领导干部要继续解放思想、坚持实事求是。"领导干部要夯实担当的思想基础,也必须要解放思想,实事求是。

第一,思想解放是行动进步的阶梯。有一位记者去西北某地采访。在一片野草稀疏的高原上,这位记者看到有一个孩子在放羊。

记者走上前去问他:"为什么放羊?"孩子回答:"为了挣钱。"记者问:"挣钱干啥?"孩子答:"盖房子。"记者问:"盖房子干啥?"孩子答:"娶婆姨。"记者问:"娶婆姨干啥?"孩子答:

"生娃。"记者问:"生娃干吗?"孩子答:"放羊。"

兜了一圈又回到了原点。我复述这个故事,丝毫没有揶揄这个放羊孩子的意思。我只是想用这个故事表述这样一句话:"封闭的思想,决定了封闭的行为。"

这个放羊的孩子他的思想就是"挣钱—盖房子—娶婆姨—生娃—放羊",所以,他的生活道路也就在这几个轨迹上转一圈。

据说,后来这个记者资助这个放羊娃到学校去读书。若干年后,这个放羊娃高中毕业回到了村里,重操旧业。记者又来到这个村庄。以下是他们的对话:

问:"为什么还放羊?"答:"为了放更多的羊。"问:"放那么多羊干啥?"答:"为了开办涮羊肉火锅店。"问:"为啥要开火锅店?"答:"为了让更多的人吃上新鲜美味的好羊肉,为了让家人过上幸福的生活。"

现在,这个放羊娃在北京、上海、广州等地有了多家涮羊肉火锅店,而且还培育了精品羊品牌。

我们看,要有行动的进步,必须有思想的解放。我们不能指望"一个满脑子奴隶思想的人会做自己行动的主人。即使没有主人,他也会给自己找一个主人"。

没有解放思想,就没有改革开放 30 多年来的巨大成就。改革开放之初,邓小平同志就鲜明地指出:"解放思想是当前一个重大政治问题……""一个党,一个国家,一个民族,如果一切从本本出发，思想僵化，迷信盛行，那它就不能前进，它的生机就停止了，就要亡党亡国。"正是在这一思想的引领下，我们党冲破桎梏，拨乱反正，做出把工作重心从以阶级斗争为纲转移到经济建设上来的战略决策。

历史和现实都证明，我们的思想每解放一次，中国特色社会主义现代化建设事业就会有一次飞跃性的进步。

那么，什么是解放思想？解放，就是解除束缚。由此而言，解放思想，就是解除思想上的束缚。用邓小平同志的话说，我们讲解放思想，是指在马克思主义指导下打破习惯势力和主观偏见的束缚，研究新情况，解决新问题，使思想和实际相符合，使主观和客观相符合，实事求是地、创造性地开展工作。

第二，没有实事求是，就没有真正的解放思想。邓小平同志说过："解放思想，就是使思想和实际相符合，使主观和客观相符合。"

要使"思想和实际相符合，使主观和客观相符合"，就必须实事求是。否则，就是缘木求鱼。从这种意义上讲，没有"实事求是"，就没有真正的思想解放；解放思想，不是空想、幻想和臆想，而是要基于事实、遵循规律，即实事求是。

"解放思想，实事求是"是马克思主义的精髓，是我党的优良传统和作风，是我们共产党人正确认识和改造客观世界的重要理论指南。"解放思想"和"实事求是"在推动社会发展中，犹如鸟之两翼，车之两轮，两者相互依存，缺一不可。

没有"实事求是"，"解放思想"就没有了根基，就失去了依凭。解放出来的思想如果违背了经济社会发展规律，就是瞎折腾。瞎折腾，不是真正的责任担当。近些年来，瞎折腾的事情也是俯拾皆是。

瞎折腾者，遇事不做调查研究、不做可行性分析、不征求百姓意见、不倾听人民群众的呼声、不计发展成本，匆忙做决策，盲目上项目，随意提目标，进行所谓的"超常规发展"，还美其名曰"解放思想"。其结果，不仅浪费了公共资源，也使党、国家和人民的利益受到严重的损害。

同样，没有"解放思想"，就会因循守旧，墨守成规，抱残守缺，就不能顺应经济社会的发展规律，就会落后于时代发展的步伐。

十一、完善担当的理论基础

理论是行动的指南,实践是理论的舞台。责任担当,需要完善其理论基础。完善其理论基础,重要的路径是学习。习近平总书记强调:"一个政党要走在时代前列,一刻也离不开理论指导;一个领导干部要做好本职工作,一刻也离不开理论学习。"他还指出:"领导干部只有认认真真地学习、与时俱进地学习、持之以恒地学习,才能始终跟上时代进步的潮流,才能担当起领导重任。"

(一)选择了学习就选择了责任担当

1939年12月,陈云同志在延安写了一篇著名的文章:《学习是共产党员的责任》。

陈云同志认为,学习理论,是"党员对党应尽的责任"。他指出:"我们好多同志总以为只要一天到晚不停地工作,就算尽了我们对党的全部责任,这种想法是很不全面的。一天到晚工作而不读书，不把工作和学习联系起来，工作的意义就不完整，工作也不能得到不断改进。因为学习是做好工作的一个条件，而且是一个必不可少的条件。"

正因为如此，我认为，领导干部选择了学习，就选择了担当。不仅担当起了学习的责任，也为责任担当奠定了理论基础。英国著名哲学家培根说："读史使人明智，读诗使人聪慧，数学使人精密，哲理使人深刻，伦理学使人有修养，逻辑修辞使人善辩。"习近平总书记说："学习是文明传承之途、人生成长之梯、政党巩固之基、国家兴盛之要。"①

第一，学习马克思主义理论。习近平总书记认为，马克思主义理论，"是我们做好一切工作的看家本领，也是领导干部必须普遍掌握的工作制胜的看家本领。"②

学习马克思主义理论，关键是要掌握其理论实质，善于把其基本原理运用于中国特色社会主义现代化建设的新实践，并在理论与实践的结合中勇于创新。不能搞教条主义，不能拘泥于一些具体的论述。

对于如何认真学习马克思主义理论的问题，习近平总书记有

---

① 习近平：《关于建设马克思主义学习型政党的几点学习体会和认识》，2013年4月28日《学习时报》。

② 习近平：《善于学习 增强本领 努力实现"中国梦"》，2013年4月28日人民网—人民日报。

过重要的论述。他在中共中央党校2009年春季学期第二批进修班开学典礼的讲话中指出："马克思主义是我们认识世界和改造世界的强大思想武器"，他还建议："在学习原著的时候，读一些马克思主义哲学基本著作，掌握科学的世界观和方法论，不断增强工作的原则性、系统性、预见性、创造性。"

第二，深入学习中国特色社会主义理论体系。中国特色社会主义理论体系是马克思主义中国化的最新成果。它包括邓小平理论、"三个代表"重要思想以及科学发展观等重大战略思想。中国特色社会主义理论体系是领导干部担当的强大理论思想武器。

第三，学习党的路线方针政策和国家法律法规。党的路线方针政策和国家法律法规，是领导干部责任担当的必备政治理论素养。离开了党的路线方针政策和国家法律法规，领导干部的责任担当就失去了依凭。

第四，学习做好本职工作必需的知识。担当，关键是要做好本职工作。要做好本职工作，必须在认真学习马克思主义理论、学习中国特色社会主义理论体系的同时，学习经济、法律、科技、文化、国际等方面的知识，特别是要学习和掌握做好领导工作、履行岗位职责所必需的各种知识，使自己真正成为内行的领导。

(二) 紧密地结合工作思想实际学习

习近平总书记指出:"要真正把中国特色社会主义理论体系作为武装头脑、指导实践、推动工作的思想武器来学习,紧密结合工作和思想实际自觉主动地学,认真踏实地学,带着问题学,持之以恒地学。"学了理论而不运用,如同一个农民耕耘而不播种。

第一,用学到的理论分析、研究中国特色社会主义现代化建设中的实际问题。理论联系实际,不是理论与实际的简单对应。它是要运用马克思主义的立场、观点和方法,去分析、研究中国特色社会主义现代化建设中的实际问题,通过分析研究,得出创造性的新结论,找出解决问题的新方法。正如毛泽东同志所说的:"中国共产党人只有在他们善于应用马克思列宁主义的立场、观点和方法,善于应用列宁斯大林关于中国革命的学说,进一步地从中国的历史实际和革命实际的认真研究中,在各方面作出合乎中国需要的理论性的创造,才叫做理论和实际相联系。"①

我们正处在到 2020 年建成小康社会的新时期。建成小康社会是一项全新的事业,面临着许多新情况、新问题。领导干部必须要用学到的理论分析、研究解决这些新情况、新问题,这样才

---

① 《毛泽东选集(第3卷)》,人民出版社1991年6月第2版,第820页。

算真正做到了理论联系实际。

  第二，自觉地用学到的理论来指导自己的行动。领导干部学习马克思主义理论除了要用它来分析、研究、解决中国特色社会主义现代化建设中的实际问题，还必须用它来指导自己的行动。正如刘少奇同志所说的："我们要虚心地学习马克思列宁主义的立场观点和方法，学习马克思列宁主义创始人的高贵的无产阶级的品质，并且运用到自己的实践中去，运用到自己的生活、言论、行动和工作中去，不断地改正、清洗自己思想意识中的一切与此相反的东西，增强自己无产阶级共产主义的意识和品质。"①只有这样，我们才算真正学习了马克思主义的理论。

（三）培养理论学习兴趣和学习热情

  孔子云："知之者不如好之者，好之者不如乐之者。"在孔子看来，懂得知识的人不如爱好知识的人；爱好知识的人不如以学知识为快乐的人。

  由此可知，学习有"知、好、乐"三层境界。最高境界就是以学习知识为快乐的人。

  领导干部如果以学习知识为快乐，对学习有了兴趣，就会自觉地积极主动地去学习，从而变"要我学"为"我要学"。正如

---

① 《刘少奇选集》上卷，人民出版社1981年12月第1版，第110页。

爱因斯坦所讲的:"兴趣是最好的老师。"

学习的兴趣和热情,不是与生俱来的,而是可以通过后天的学习、工作实践不断培养形成。毛泽东同志就非常重视理论兴趣和热情的培养,他在给秘书林克的信中,多次谈到这一问题。

1957年8月4日,毛泽东致信林克:"你可看点理论书。你需要学理论。兴趣有,似不甚浓厚,应当培养。慢慢读一点,引起兴趣,如倒啖蔗,渐入佳境,就好了。"①

1957年10月2日毛泽东又致信林克,再次谈到学理论,培养兴趣的问题:"钻到看书看报看刊物中去,广收博览,于你我都有益。略为偏重一点理论文章,逐步培养这一方面的兴趣,是我的希望。"②

毛泽东同志的话不仅仅是对林克所言,也是对我们所有领导干部的要求。

培养学习的兴趣,就是要培养自身学习的内驱力。一般而言,学习的内驱力主要来自三个方面:一是学习是为了获得更多的知识,扩大视野;二是学习是为了完成有难度的工作,提高工作绩效;三是学习是为了追求更高的目标,竞争并超越他人。

基于这三个学习动机,领导干部培养和激发自身学习的内驱

---

① 《毛泽东书信选集》,人民出版社1983年第1版,第530页。
② 《毛泽东书信选集》,人民出版社1983年第1版,第531页。

力，需要从以下几个方面着手：

第一，培养和激发强烈的求知欲望。孟子说"饥者甘食，渴者甘饮"（《孟子·尽心上》）。求知欲望是领导干部最重要的一种学习内驱力。

领导干部要认识到，不学习，就会不学无术，就会本领恐慌，就会落后于时代的步伐，就不能与时俱进，自然也就无法担当责任。

第二，培养和激发执着的敬业精神。敬业精神也是领导干部学习的一种内驱力。具有执着敬业精神的领导干部，面对工作中的困难、挫折，不会回避，不会退缩，而会不断地学习，寻求破解困难之道，探求直面挫折之法。

第三，培养和激发高尚的理想追求。俄国著名文学家高尔基说得好："一个人追求的目标越高，他们的才力就发挥得越快，对社会就越有益。我确信这是一个真理。"

领导干部有了崇高的理想，便能按确定的目标去进行学习、修养和锻炼。因此，理想追求也是领导干部学习的内驱力。

第四，培养和激发正确的竞争意识。培养和激发正确的竞争意识，就是要使领导干部认识到，学习是赢得他人的基本条件，当前的学习是与今后的地位紧密相连的。

从大道理上讲，一个领导干部不学习，就不具备胜任某项工作的素质和能力；从小道理上谈，一个领导干部不学习，就不具备与他人竞争的资格和资本。

2013年3月1日在中央党校建校80周年庆祝大会暨2013年春季学期开学典礼上,习近平总书记要求领导干部,应该把学习作为一种追求、一种爱好、一种健康的生活方式,做到好学乐学。有了学习的浓厚兴趣,就可以变"要我学"为"我要学",变"学一阵"为"学一生"。

十二、奠定担当的方法基础

习近平总书记说过:"领导干部有了敢于负责的胆量和气魄,固然可嘉。但是,要做到真正意义上的负责,还需要有善于负责的本领。善于负责,必须掌握科学的思想方法和工作方法。领导干部要能负责、会负责、负好责,做到权责对等,不盲目负责、不胡乱负责,处理矛盾和问题要讲究策略,有勇有谋、有胆有识、有理有利有节。"

这段话说得很深刻。领导干部的责任担当是需要有思想方法和工作方法作为保障的。敢于担当只是限定了承担责任者面对责任时胆量的大小、境界的高低、担当力量的强弱,而要真正承担起责任,负好责,则需要有正确的思想方法和工作方法来作为保障。

(一) 行成于思,而毁于随

"行成于思,而毁于随。"是唐朝著名文学家韩愈在其《进学解》中所讲的一句话。这句话的意思是说,做事由于思考而成功,由于随意而毁灭。领导干部奠定担当的方法基础,必须有正确的思想方式作为保障。常言道:"磨刀不误砍柴工。"好的思想方法,就是"磨刀"。刀磨锋利了,砍柴的成效会大大提升。

第一,既重过程,更重结果。实践中,有的人做事,只注重做事的过程,不考虑做事要达到的结果。因此,做事只停留在把这件事做了的层面,至于它是否达到预期的结果,则概不负责。这样的做事,从负责的角度讲,只能算是敢于担当,还算不上善于担当。善于担当,是既重过程,更重结果。

"既重过程,更重结果",强调的是结果思维。所谓结果思维,就是人们在做任何事情之前,都要明确做这件事情的目的和效果是什么,并思考用什么样的过程来确保结果的实现。

结果思维,是善于担当的一种重要的思想方法。把握这种思想方法,需要明确以下两点:

一是有过程不等于有结果。虽然过程是结果的实现方式,但有过程不一定有结果。而要保证有过程,也有结果,必须以结果为导向来优化过程。没有结果的过程,是没有意义可言的。

责任担当,其本质,就在于实现预期的目的,获得预期的结果。因此,领导干部强化责任担当,必须树立结果思维,以结果为导向来优化过程,这样才能保证预期目的的达成,预期结果的实现。

以结果为导向来优化过程的效果，从田忌赛马这件事情上就能很清楚地看出来。

战国时，齐威王与田忌赛马，两个人各出上、中、下等马三匹。比赛时，上等马对上等马，中等马对中等马，下等马对下等马。由于齐威王的马无论哪一等都比田忌的马要强，最后，田忌三战三败。

田忌的好友，著名的谋略家孙膑知道这件事之后，便给田忌出了个主意。田忌觉得这个主意不错，就请求齐威王再赛一次。

比赛开始了。这次田忌依照孙膑的计谋，以下等马对齐威王的上等马，以上等马对齐威王的中等马，以中等马对齐威王的下等马。最后，两胜一负，田忌胜了。

田忌第二次比赛获得了胜利，就是以结果为导向优化过程所带来的。

二是有苦劳不等于有功劳。工作中，人们常常会听到这样一句话："我没有功劳还有苦劳呢！"要知道，责任担当，仅有苦劳是不够的，有苦劳也得有功劳。有苦劳只是表明你努力担当了，但没有"功劳"的担当，是没有实际价值的瞎忙乎。

第二，既要努力，更要得力。"做工作，只要我努力了，就行。努力了，就能把工作做好。即使做不好，我努力了，也问心无愧了。"这是许多人惯有的思维。其实，这种思维有些偏颇。为什么有些偏颇？因为"努力"不一定"得力"。

君不见，有些领导干部每天早来晚归，忙得不可开交，但却看不到有效的政绩。最终是上级领导不满意，下属群众不如意，自己不得意。究其原因，是他虽然很"努力"，但他做事不"得力"。

"努力"是责任担当的基础，责任担当没有"努力"不行。但仅有努力还是不够的，努力只是说明了做事者有一种积极的工作状态。但这种积极的工作状态能否取得好的、令人满意的结果，还取决于方向、目标等其他方面的因素。

而既"努力"，又"得力"，才是责任担当应该具有的思维方式。

"得力"是有效率地、有效果地做事。有效率、有效果地做事，才是真正的责任担当。

因此，领导干部强化责任担当，必须具有"既要努力，更要得力"的思想方法。而要具有这样的思想方法，需要做到三个"始终"：

一是始终想着领导目标。目标，是人们想要达到的境地或标准。心理学家的实验研究表明，目的性行为的效率明显高于非目的性的行为。因为当人们明确了可能达到的目标，就会为达到目标而努力，并最终得力。比如，一个万米赛跑运动员，当人们告诉他还剩一千米，再加把劲，就可夺得金牌时，即使他身体某部位疼痛，他也会咬牙加快速度完成最后的冲刺。可见，有了目标，人们就有了奋斗的方向，就有了激励的动力。

领导干部心中始终想着领导目标，就会为达到领导目标而努力，而不是为努力而努力。

每一项工作有每一项工作的具体目标要求。工作要得力，需要明确自身所承担的工作的目标要求。得力的工作，必须实现工作目标的要求。否则，即使是忙碌工作了，起早贪黑了，只能说是努力，而不能称之为"得力"。

二是始终想着工作标准。标准，是一种衡量工作成效的尺度。做任何工作，其成效如何，应该有一个衡量的尺度。得力的工作，是工作的最终成效符合标准的具体要求，经得起标准的检验。否则，即使是有了一定的结果，这个结果不符合标准的要求，也称不上得力。

"毛泽东号"机车为什么能实现连续安全行驶900多万公里？一个重要的原因，就在于代代"毛泽东号"人对工作极端负责，他们对技术精益求精；他们心中始终想着工作标准，而且对标准一丝不苟。

每一名驾驶"毛泽东号"机车的乘务员，不管严冬还是酷暑，也不管沿途多么疲惫，下车后的第一件事就是仔细擦拭机车。

仔细擦拭机车一次不难，难的是他们67年如一日的坚持。别的班组司机只要一看，就知道这台车是"毛泽东号"人刚刚驾驶回来的，因为机车外部整洁、内部卫生。

规章制度怎么要求的，"毛泽东号"人就怎么做；落实标准一丝不苟，执行制度严格规范。"毛泽东号"人用强烈的责任心、严明的责任制、过硬的基本功，以苦干实干彰显了责任担当。

三是始终不忘苦练基本功。67年来，安全行驶900多万公里的"毛泽东号"机车，尽管每次机车换型都会引发一次作业法的变革，但"责任心＋责任制＋基本功＝安全"的恒等式却是他们始终不会丢弃的经验，因为这是"毛泽东号"机车实现安全运行900多万公里、不断刷新安全生产纪录的不二法宝。

"毛泽东号"机车班组有保证安全生产的"硬要求"：一个单程的500多个信号机号码，必须随口说出；机车繁杂的电路图，必须随手画出；机车运行线路状况，说出公里数，脑海中必须立即呈现出立体图景……

在"毛泽东号"上工作的员工，人人都有好技术，个个都有好本领。2012年，"毛泽东号"机车班组司机王云参加全路机车司机组技术比武，取得第一名的佳绩。

"责任心＋责任制＋基本功＝安全"是"毛泽东号"安全行驶900多万公里的不二法宝，他们的不二法宝也应该成为其他各条战线干部职工的宝贵经验。

领导干部在培养了责任心，有了责任制之后，还得苦练基本功。基本功，是指领导干部应知的基本知识、应会的基本技能，是领导干部胜任岗位、履行职责、完成任务所必须具备的基本本领，是领导干部个人素质的综合反映。

基本功体现在方方面面，不同的层次、不同的部门、不同的工作，对基本功的要求不完全一样。领导干部应该根据自己的工作要求，清楚自己应该具有哪些基本功，并加强苦练。没有基本功，敢于担当，也担当不好。

苦练基本功，就得有不怕苦、不怕累的精神，就得有持之以恒的态度。机会只给有准备的人。

在某学校发生过这样一件事情：同学们就要毕业了，班主任把他们带到操场上，对他们说："这是最后一课了。我给你们布置一个作业，说易不易，说难不难。请大家绕这 500 米的操场跑两圈儿，并记下跑的时间、速度以及感受。"说完后，老师便离开了操场。

20 年后的一天，班里的同学又聚到了一起，老师对他们说："今天我来收作业了。你们还记得毕业前的最后一课吗？我离开操场后，在教室走廊上观看了你们完成作业的情况。跑完两圈儿的同学有 4 人，时间在 15 分 20 秒之内。1 人扭伤了脚，1 人因为太快摔了跤，有 15 人跑过一圈儿后觉得无趣味，退出后在跑道外聊天。其余的嫌事小，没有起步。"

同学们都想起了往事。大家很惊异，老师对这件事记得如此之清楚。他们仿佛看到了老师昔日的风采，纷纷鼓掌。

掌声落下，老师继续说："我就这次作业评语，并结合70余年人生体验，送各位同学四句话：其一，成功只垂青有准备的人；其二，身边的小蘑菇不捡的人，捡不到大蘑菇；其三，跑得快，还需跑得稳；其四，有了起点并不意味着就有了终点。"

成功只垂青有准备的人。怎样准备？从身边的小事做起，踏踏实实去做，一步一个脚印，坚持不懈；从基本功练起，练得扎实，练得炉火纯青。

要达到目标，就像上楼一样，不用梯子从1楼到10楼是绝对蹦不上去的，相反，蹦得越高，就会摔得越重，而必须是一步一个台阶地走上去。

(二) 做正确事，正确做事

毛泽东同志在《关心群众生活，注意工作方法》一文中说过："我们不但要提出任务，而且要解决完成任务的方法问题。我们的任务是过河，但是没有桥或没有船就不能过。不解决桥和船的问题，过河就是一句空话。不解决方法问题，任务也只是瞎说一顿。"责任担当，也需要有正确的担当方法。有了正确的担当方法，才能避免盲目担当，真正地担当好责任。正确的担当方法固然很多，但"做正确的事"，"正确地做事"，则是基本的担当方法。

第一，做正确的事。做事之前要找对方向和目标。这是责任担当的基础和前提。责任担当如果离开了"做正确的事"这个基础和前提,任何方法都是徒劳的。

我国有一个"南辕北辙"的成语,说是有一个人要到南方楚国去,却驾着车往北走,有人告诉他方向错了,他说没关系,我有一匹好马;别人说有好马也不行啊,他说我还有一辆好车;别人说有好车也不行啊,他说我还有一个技术高明的驭手。

不言而喻,方向错了,背道而驰,有好马、好车、高明的驭手也是无济于事的。

由此可知,做任何事情之前,都不要"匆忙",也不要"茫然",更不要"盲目",应该从确定正确的目标和方向开始。这是一个基础的方法,也是一个重要而关键的方法。

目标清楚、明确了,方向正确了,就会引导你正确地迈出每一步。目标不清楚、不明确,甚至方向错了,南辕北辙了,负责也是盲目地负责。

在我国东北,曾经发生过这样一件事情:天降大雪,停车场上的汽车都被大雪覆盖了。

有位男士拿着扫雪工具,来给自己的爱车扫雪。他认认真真地扫完雪,准备开车上班。可是,当他一按车钥匙,想打开车门时,旁边的那辆车车门开了。

其实,在工作中,我们也有许多人就如同这位车主,常常只埋头"扫雪"而没有意识到要扫的并非是"这辆车"。当然,他想助人为乐，则另当别论。

要知道，从老鼠身上是挤不出奶来的。所以，起跑之前，先别忙着跑，要看好方向，弄清目标再起跑。

第二，正确地做事。做正确的事，是选准方向和目标；正确地做事，是正确地为选准的方向和目标来做事。

要知道，做了正确的事，但如果没有正确地去做事，也不会取得好的效果。因此，责任担当，就要在做正确的事的基础上，正确地做事。

一是要把握住根本。这是解决为谁担当，为什么而担当的问题。担当的根本是什么？毛泽东同志早在1945年就说得非常清楚："我们的责任，是向人民负责。每句话，每个行动，每项政策，都要适合人民的利益，如果有了错误，定要改正，这就叫向人民负责。"[①]

领导干部正确地做事，必须把握住这一根本。把握住了这一根本，就会把党和人民的托付看得比泰山还重；就会盯着排头找差距，对照先进学经验，就会以锲而不舍的精神担当好责任。

二是第一次就把事情做对。"第一次就把事情做对"这个概念最早是由著名管理学家克劳士比提出来的。这一概念是他著名

---

① 毛泽东：《抗日战争胜利后的时局和我们的方针》，《毛泽东选集》第四卷第1128页，人民出版社1991年6月版。

的"零缺陷"管理理论的精髓。

所谓"第一次就把事情做对",简单说来,就是第一次就把事情做得符合要求。

第一次就把事情做对,不仅可以有效地减少做错事情所带来的成本损失,还可以有效地避免浪费时间,提高履行工作责任的效率。

如果第一次没有把事情做对,就会导致原材料、金钱、时间、精力的损失和浪费。

要想"第一次就把事情做对",就需要责任担当者能了解工作的具体标准,清楚工作的明确要求。

三是关注细节。在方向正确的前提下,细节是会决定成败的。细节不仅对成败确实有着非常重要的影响,也对责任担当起着关键的作用。一招不慎,也许就会满盘皆输。

我们不妨反思一下,为什么我们的有些工作会功亏一篑?原因当然是多种多样,但有一点我们必须承认,就是我们缺少对细节的重视,做事满足于差不多。

2003年2月1日,美国航天飞机"哥伦比亚"号,完成了预定的任务,返回地面。

就在即将着陆前,"哥伦比亚"号意外发生了爆炸。航天飞机上的七名宇航员全部遇难。全世界为之震惊。

事后的调查结果显示,导致这一航天灾难的凶手,是一块脱落的隔热瓦。

正是这个隔热瓦的"细节",使得"哥伦比亚"号功亏一篑,七条宝贵的生命也因之而魂消太空。

由此可知,细节到位,才是真正的责任担当。否则,一个小小的细节,就可能毁掉整个局面。

(三) 深入调查研究,制定缜密计划

《礼记》中有这样一句话:"事前定,则不困。"这句话的意思是说,事前计划好了,干起来就不会有困扰。面对工作任务,领导干部要担当责任,事先必须精心做好计划。

有人曾经向第二次世界大战中著名的美国军事统帅乔治·巴顿请教:"你为什么能打胜仗?"他说是因为打仗前先有一个计划。那人又问他:"你为什么每次都能打胜仗?"他接下来说:因为我每次有一个好的计划。人家就请教他还有什么秘诀,他就说:我有一个周密完善的计划。

巴顿将军此言应该不虚。将军要想打胜仗,必须具有缜密完善的作战计划。领导干部要的责任担当,也需要对担当的工作制定一个缜密的计划。

在现代社会化大生产的条件下,生产技术复杂、劳动分工细密,部门之间、生产环节之间的协作十分紧密。如果没有缜密的计划,彼此之间就不能相互协调,团队中的各项活动也就不能有

条不紊地进行。

因此，无论是单位，还是个人，做事，尤其是做大事，必须有缜密而切实可行的计划。只有预先做好了安排，有了打算，才能合理地安排人力、物力、财力和时间，使工作、活动有条不紊地进行，高效率地把事情办好；否则，就会遭致失败。缜密计划的制订，应该注意以下两个环节：

第一，搞好调查研究。领导干部在制订计划之前，一定要做深入细致的调查研究工作。毛泽东同志说："没有调查，就没有发言权。"我认为，"没有调查研究，就没有制订计划的依据。"调查研究是制订计划的基础。制定工作计划不能关在屋子里闭门造车，凭想当然制定。

调查研究包括调查和研究两个环节。调查，是通过各种途径方法，有计划、有目的地了解客观事物的真实情况。研究，是指对调查获得的材料，进行去粗取精、去伪存真、由此及彼、由表及里的探求客观事物本质和规律的活动。它们两者既有明显区别又有紧密的联系。调查是研究的前提和基础，研究是调查的发展和深化。

搞好调查研究，必须深入实际、深入基层、深入群众。调查研究，是对客观实际情况的调查了解和分析研究，目的是要把事情的真相和全貌调查清楚，把问题的本质和规律把握准确，把解决问题的思路和对策研究透彻。这就要求调查研究者必须深入实际、深入基层、深入群众,多层次、多方位、多渠道地进行调查了解情况。只有这样,才能获得新情况,找出解决问题的新视角、新思路和新对策。

搞好调查研究,必须从群众中来、到群众中去,广泛听取群众的意见。人民群众的社会实践,是我们获得正确认识的源泉,也是检验和深化我们认识的根本所在。调查研究成果的质量如何,形成的意见正确与否,最终都要经过人民群众的实践来进行检验。领导干部进行调查研究,要放下架子、扑下身子,深入到人民群众当中,倾听他们的呼声,体察他们的情绪,感受他们的疾苦,总结他们的经验,吸取他们的智慧。

搞好调查研究,必须一切从实际情况出发,坚持实事求是的原则,树立求真务实的作风。一切结论应该产生在调查研究之后,而不是事先定好调子。调查研究一定要做到不唯书、不唯上、只唯实。

领导干部制定工作计划,必须走出去,根据工作任务的要求,充分征求群众的意见,请群众献计献策,集中群众的智能。这样,制定出来的计划才能符合客观实际,也才能充分调动和发挥群众的积极性和创造性。否则,做出的计划只能成为无用的装潢。

调查研究需要有脚踏实地的精神。只有脚踏实地,才能掌握真实的情况,才有发言权,从而为科学决策、为计划的制订提供有价值的依据。我们看看张闻天同志是怎样进行调查研究的：

1941年8月，中共中央作出了《关于调查研究的决定》。张闻天同志积极地响应中共中央的号召，主动率团深入农村进行了一次为期一年多的调查，史称"晋陕调查"。张闻天主持的"晋陕调查"，有以下几大特点：

一是时间长、规模大。这次调查从1942年1月开始，到1943年3月结束，历时一年零2个月。"延安农村工作调查团"开始时是10个人，到晋西北后增加到40多人；调研范围涉及陕北的神木、府谷、绥德、米脂和晋西北的兴县等地，调查团成员总计跑了23个村镇。

二是深入到群众之中。在调查过程中，张闻天同志化名张晋西，吃住都在农民的家中，以普通工作人员身份出现，群众始终不知道他是共产党的"大干部"。在所直接调查的村庄，他挨家逐户同农民、干部和各种人物谈话，几乎走访了所有的农户。由于亲近群众，和群众建立了良好关系，所以群众和他是无话不谈。

三是全方位调查。"晋陕调查"的主要目的是研究如何发展农村的生产力、提高农民生活以适应战争形势。为此，张闻天同志率领的调查团系统地对农村生产力和生产关系进行了调查。其中既有生产力的状况，从土地、人口到劳动力、肥料、种子、资金等生产要素，从耕作到分配的整个过程的调查，又细致到当地各种土地类型及其等级，各种作物在各种土地单位面积上的播种量、施肥量和年产量，各种牲畜的使役量、产肥量、租用借用办法、全年的经济效益、各种草料的消耗量等，什么土壤、什么庄稼，为什么高粱产量低仍然要种它，为什么贫穷人家不能种小麦等等，都在调查的范围之内。此外，调查团还在米脂、绥德等城镇作了详细的公私营工商业调查，还有集市、物价、租赁、借贷等调查。

四是调查形式多样。调查中，调查人员既关注现实情况，也考察历史演变；既主要向群众调查，同时也向村乡干部、工作人员和各种职业人员调查；既有调查会、座谈会，但更多的是挨家入户调查。既注意典型调查，也注意基本情况的调查。张闻天尤其重视群众基本情况的调查。他说，在上面待久了，常常会把群众中最普遍、最平常，但又是最重要的东西忘掉。

五是注重分析研究。在调查中，张闻天强调，调查要与研究相结合，调查材料应经常整理、补充校正；调查初步完成，即应在当地加以研究。每次走访，他都口问笔记，而且事后就立即对调查材料进行整理；整理过程中发现问题，就再到群众中调查，"即调查即研究。补充不足的，加上新发生的"。调查材料整理好之后，还要询问基层干部这些材料是否属实，所总结提出的意见是否切合实际。特别是，他并不满足于群众的口述，还强调，调查需要亲身感受，需要"生活、体验、感觉、实地观察"，对收集的资料要熟悉和消化，要进行分析综合。基于这样认真、细致的调查，张闻天等同志撰写了多篇调查报告。如《陕甘宁边区神府县直属乡八个自然村的调查》；《晋西北兴县二区十四个村的土地问题研究（报告大纲）》；《米脂县杨家沟调查（一九四二年十一月十九日）》等。1994年6月，《张闻天晋陕调查文集》由中共党史出版社出版。①

第二，注意吃透两头。所谓吃透两头，就是要吃透"上头"和吃透"下头"。

吃透上头，是指要认真领会上级的指示精神，以使计划符合党的路线、方针、政策，符合国家的法律、法令、法规，符合上级的规定、决定、指示和计划。

吃透下头，是指要全面了解本单位的主客观条件，长短利弊，天时、地利、人和等问题，以使计划符合本单位的实际工作情况。

河南省新乡县刘庄村，是20世纪50年代树起来的先进典型。多年来，这面红旗始终不倒，而且在每一个历史时期都挺立潮头。其奥秘何在？

全国劳动模范、刘庄村的党委书记史来贺道出了其中的原

---

① 资料来源：李东朗《"晋陕调查"：走群众路线的典范》，2013年7月22日《北京日报》。

委。他说:"俺刘庄也不是世外桃源,我们的办法是:遇事要有主心骨,不能听风就是雨。只有实事求是,从自己的情况出发,才能不走入歧途。"

史来贺的枕头边上常放有三样东西:一是书,二是收音机,三是笔记本。他认为,一个领导干部必须勤于学习、善于学习,勤于思考、善于思考,不能人云亦云。

书,是史来贺学习科技知识的,他因而成为全国知名的农业专家;收音机,是史来贺用来收听中央和上级精神的,他前进的每一步都能准确把握时代脉搏;笔记本,是史来贺记录学习心得和思考感想的,刘庄的许多重大决策就是在他的学习和思考中形成的,从而使得刘庄在多个重要关头避免了大折腾。[①]

从刘庄党支部书记史来贺的身上,我们领悟到了"吃透两头"的真谛所在。

(四)一般号召与个别指导相结合

一般号召与个别指导相结合的方法,是我党一贯倡导的领导方法,也是领导干部责任担当的重要工作方法。所谓一般号召与个别指导相结合,就是部署工作,阐明一般意见,发出一般号召之后,选择几个具体单位或部门,深入调查研究,详细了解那里

---

① 朱永涛:《时代精神的丰碑》,2005年7月15日河南电视网。

的工作进展情况，并指导这些单位具体解决工作中的难点，借以取得经验，反过来对面上的工作做普遍性的指导。

使用这种方法，既能推动全局和指导面上的工作，又能从点上了解情况，发现问题，取得经验，然后，以点带面，推动面上的工作。

毛泽东同志认为，一般号召与个别指导相结合的方法，是我们共产党人无论进行任何工作时都必须采用的方法。他说，任何工作任务，如果没有一般的普遍号召，就不能动员广大群众行动起来。但如果只限于一般号召，而领导人员没有具体地直接地经若干组织将所号召的工作深入实施，突破一点，取得经验，然后利用这种经验去指导其他单位，就无法考验自己提出的一般号召是否正确，也无法充实一般号召的内容，就有使一般号召归于落空的危险。领导干部学习和运用这个方法，要注意以下几个关键点：

第一，工作任务的部署，一般号召的提出，**必须要符合客观实际情况**，充分反映群众的愿望和利益诉求，代表人民群众的最根本利益。而且，工作任务的部署，一般号召的提出，应该是明确的、具体的，而不能是一些空洞的概念和抽象的说法。

第二，**个别指导要是真正的指导**。一般号召与个别指导相结合的方法，是一般号召在前，个别指导在后，二者相辅相成，统一于具体的工作实践。那么，如何进行个别指导？毛泽东同志在总结1942年解放区各地整风的成功的经验时，对一般号召和个别指导相结合的工作方法的运用，对实现个别指导，曾提出这样的具体要求："除一般号召外，必须在自己机关中和附近机关、学校、部队中选择二三个单位（不要很多），深入研究，详细了解整风学习在这些单位的发展过程，详细了解这些单位中若干个（也不要很多）有代表性的工作人员的政治经历、思想特点、学习勤惰和工作优劣，并亲自指导这些单位的负责人具体地解决各单位的实际问题，借以取得经验。"

毛泽东同志这些对个别指导的规范性的要求，在今天仍然具有重要的指导意义，只有老老实实地深入群众之中，直接地具体地做这些看来琐细的事情，一丝不苟，调查研究，分析综合，才能使一般号召和个别指导很好地结合起来，才能谈得上创造性地工作，从而达到预期的目的。

第三，一般号召与个别指导相结合，必须以群众路线为前提。这就是说，只有从群众中来，才能形成一般号召，只有再到群众中去，对群众进行个别指导，一般号召才能得到检验、修正或补充，也才能形成新的一般号召。毛泽东同志在《关于领导方法的若干问题》中认为，一般号召与个别指导相结合的方法只是群众路线方法的一个组成部分。一般号召从群众中来，从个别指导中来，具体化为实践所需要的形式，并接受实践的检验，它才能发挥出重要作用；个别指导是一般号召的基础，离开了个别指导，一般号召就成了无源之水，无本之木，就有落空的危险，但只有当它接受了一般号召的指导时，它才是明确的，有效的。

请看在党的群众路线教育实践活动中，习近平总书记是怎样运用这种方法的：

2013年4月19日，中共中央政治局召开会议，决定从2013年下半年开始，用一年左右的时间，在全党自上而下分批开展以"为民务实清廉"为主要内容的党的群众路线教育实践活动。

为了保证党的群众路线教育实践活动取得实效，习近平同志要求全党，要以整风精神开展批评和自我批评，开好民主生活会，坚持开门搞活动。在一般号召的基础上，2013年9月23日至25日，习近平同志来到教育实践活动联系省份河北，全程参加并指导省委常委班子专题民主生活会。

4个半天的民主生活会，习近平一边听一边记，不时插话询问，进行点评指导。在河北省两位党政主要负责人的对照检查及其他常委对他们的批评结束后，习近平进行了集中点评。他说，开门搞活动，广泛听取群众意见，是中国特色社会主义民主的生动实践，中国特色社会主义民主的本质是人民当家作主。河北在活动中认真听取各方面意见，搞"三堂会诊"，值得肯定。他还说，我们应该从制度上防止急功近利和短期行为。"功成不必在我"，实际上就是要处理好大我和小我的关系，长远利益、根本利益和个人抱负、个人利益的关系。想要干事、想出政绩是对的，但不能为了出政绩都要自己另搞一套，换一届领导就兜底翻，三天打鱼两天晒网，那就什么事情也干不成。他还针对常委们查摆出来的官本位、理想信念、政治纪律等问题，联系自己的经历和实践，谈了深刻认识。

25日上午，在专题民主生活会即将结束时，习近平发表重要讲话。他针对大家对照检查出来的突出问题，提出了四个方面的要求。

——坚定理想信念，切实解决好世界观、人生观、价值观这个"总开关"问题。"总开关"问题没有解决好，这样那样的出轨越界、跑冒滴漏就在所难免。在作风问题上，起决定作用的是党性。衡量党性强弱的根本尺子是公、私二字。作为党的干部，就是要全心全意为人民服务，就是要诚心诚意为党和人民事业奋斗，就是要讲大公无私、公私分明、先公后私、公而忘私。只有一心为公，事事出于公心，才能有正确的是非观、义利观、权力观、事业观，才能把群众装在心里，才能坦荡做人、谨慎用权，才能光明正大、堂堂正正。

——树立正确政绩观，切实抓好打基础利长远的工作。一张蓝图抓到底，不仅需要科学决策，也需要思想境界。要坚决把中央关于推动经济社会又好又快发展的要求落到实处，不要顾虑重重、瞻前顾后，更不要为生产总值增长率、全国排位等纠结。中央看一个地方工作得怎么样，不会仅仅看生产总值增长率，而是要看全面工作，看解决自身发展中突出矛盾和问题的成效。

——发扬钉钉子的精神，切实把工作落到实处。"空谈误国，实干兴邦"是具体的，要落实到方方面面的工作中去。要时刻牢记目标，统一思想、一致行动，踏石留印、抓铁有痕，过了一山再登一峰，跨过一沟再越一壑，决战决胜打好调整经济结构、化解过剩产能这场攻坚战。

——坚持正确用人导向，引导广大干部真抓实干。各级党委及其组织部门要坚持正确用人导向，以实际行动让干部感受到组织上的公道、公平、公正。要严明组织人事纪律，对跑官要官、买官卖官的决不姑息，发现一起查处一起。[①]

一般号召和个别指导相结合的方法，是马克思主义关于矛盾普遍性和矛盾特殊性的辩证统一的观点在指导党的工作上的具体应用。一般号召与个别指导是一个循环往复的过程，二者不是截然分开的。一般号召从群众中来，具体化为实践所需要的形式，并接受实践的检验，它才能发挥出重要作用；个别指导是一般号召的基础，离开了个别指导，一般号召就成了无源之水，无本之木，就有落空的危险，但只有当它接受了一般号召的指导时，它才是明确的，有效的。

[①] 《习近平参加河北省委常委班子专题民主生活会纪实》，2013年9月27日新华网

以"为民务实清廉"为主要内容的党的群众路线教育实践活动，就主要采取了一般号召与个别指导相结合的工作方法。首先是中共中央部署，党的群众路线教育实践活动于2013年6月18日启动。一年左右的时间里，活动将紧紧围绕保持和发展党的先进性和纯洁性，以为民、务实、清廉为主要内容，按照"照镜子、正衣冠、洗洗澡、治治病"的总要求，自上而下在中共全党深入开展。整个学习教育实践活动分为三个环节：学习教育、听取意见；查摆问题、开展批评；整改落实、建章立制。这是一般号召。在此基础上，2013年9月23日至25日，习近平同志来到教育实践活动联系省份河北，全程参加省委常委班子专题民主生活会，这是个别指导。

正是由于采用了一般号召与个别指导相结合的方法，从而保证了党的群众路线教育实践活动的顺利开展，并取得了显著的成效，获得了重要的经验。正如习近平总书记2014年10月8日在党的群众路线教育实践活动总结大会上的讲话中所总结的，新形势下开展党内集中教育活动：

必须突出重点、聚焦问题。"伤其十指，不如断其一指。"实践证明，有的放矢事易成，无的放矢事难成，集中教育活动要取得实效，必须找准靶子、点中穴位。

必须领导带头、以上率下。正人必先正己，正己才能正人。各级领导干部敢于拿自己开刀，解决问题才能势如破竹，改进工作才能立竿见影。

必须以知促行、以行促知。集中教育活动只有坚持知行合一，不断让思想自觉引导行动自觉、让行动自觉深化思想自觉，才能抓得实、做得深、走得远。

必须严字当头、从严从实。"取法于上，仅得为中；取法于中，故为其下。"只有严要求、动真格，真实抓、抓真实，才能真正达到预期目的。

必须层层压紧、上下互动。只有坚持问题导向，从细处入手，向实处着力，一环紧着一环拧，一锤接着一锤敲，才能积小胜为大胜。

必须相信群众、敞开大门。"知屋漏者在宇下，知政失者在草野。"集中教育活动必须打开大门、依靠群众，让群众来监督和评判，才能做到不虚不空不偏。

（五）抓中心环节带动其他工作

抓住中心环节带动其他工作，也是领导干部责任担当应该掌握的重要方法。

所谓抓住中心环节带动其他工作，是指要善于从复杂的工作头绪中找到并且抓住最能影响全局，可以带动整个工作前进的中心环节。找准抓住了中心环节，就能把握住"整个链条"，统筹全局，并以此带动其他工作，做到"纲举目张"。

毛泽东同志在《党委会的工作方法》中指出，既要抓紧中心工作，又要围绕中心工作而同时开展其他方面的工作，形成一种工作秩序，就好像弹钢琴，要产生好的音乐，十个指头的动作要有节奏，要互相配合。这就说出了抓中心环节带动其他工作的辩证关系。领导干部学习运用这种方法，要注意以下几点：

第一，尊重中心环节的客观性。事物是复杂的。在复杂的事物中，哪一事物是中心环节，不是人们凭主观愿望来随意确定的，它需要从客观实际情况出发，根据客观事物本身的规律来确定。

第二，掌握中心环节的可变性。中心工作和一般工作在一定条件下是可以相互转化的，因此，应该随时把握这种变化，及时转移工作的重心，以适应新的工作要求。

第三，注意带动其他工作。抓中心环节一定不能忘记带动其他工作。应该根据中心工作与其他工作的联系，确定带动其他工作的方法，把各项工作一起搞上去，而不能顾此失彼。请看邓小平同志当年是怎样运用这种方法的：

"文革"十年动乱，我国经济已经濒临崩溃的边缘，社会秩序是十分的混乱，形势非常严峻。1975年初，邓小平同志复出后，担任国务院第一副总理、中央军委副主席兼总参谋长等职，他立即以非凡的胆略提出整顿企业、整顿经济。

当时全国经济工作局面很混乱，各条战线都积累了大量的问题，整顿经济工作要从哪里开始，并不是一件很好确定的问题。如果从规模较小、影响不大的行业开始整顿可能容易取得成功，但是当时却选择了铁路、钢铁等国民经济最重要的行业开始整顿。

当时最难整顿的就是铁路和钢铁企业。这都是人员较集中的场所，是当时国民经济的重点，所以也是"四人帮"破坏的重灾区，当时造反派的头头多出在这两个行业。整顿就是从铁路开始的，选择最难的问题先来解决，这是小平同志一贯的工作作风。他请万里同志出任铁道部部长，就是想从整顿铁路秩序入手，全面整顿国民经济。

1975年2月中旬，邓小平同志召集谷牧、万里等同志到他家里谈整顿问题。他说，铁路是国民经济的命脉，特点是"高、大、半"（高度集中，大动脉，半军事化管理），所以整顿经济必须从整顿铁路秩序入手，并提出整顿内容与要求。

1975年2月中共中央召开了解决铁路问题的各省、市、自治区党委主管工业的书记会议。邓小平同志在会上作了题为《全党讲大局，把国民经济搞上去》的讲话。并通过了《关于加强铁路工作的决定》，作为中共中央文件下发（即中央9号文件）。

邓小平重要讲话的传达和中央9号文件的下达执行，标志着1975年各条战线整顿工作的开始。会后铁道部部长万里率领工作组，先后在徐州等地，对问题严重的铁路局进行了重点整顿。

集中解决领导班子问题，限期改正；到期不改，采取撤职、调离原单位等果断的组织措施，重新配备领导班子。并法办了33个煽动闹派性、武斗、停工停产的不法分子。经过一两个月的整顿，铁路运输的形势明显改观。全国铁路平均日装车数创造历史最高水平，列车正点率也大为提高。铁路整顿，带动了各行各业的整顿，全国工交生产和国民经济打破了停滞不前的徘徊局面。①

俗话说："牵牛要牵牛鼻子。"为什么牵牛要牵牛鼻子？有农村生活经验的人都知道，牵住了牛鼻子，牛就会驯服地跟着走。邓小平同志牵住了牛鼻子，选准了突破点，带动了全局的工作。那么，面对纷繁复杂的工作，如何选准"中心环节"？

每一阶段的工作，有每一阶段的工作重点；不同的地区，有不同地区的工作重点。要选准"中心环节"，需要在调查研究、综合分析的基础上，从以下三个角度去寻找：

一是从解决本单位存在的突出问题的角度去寻找，即寻找"瓶颈"。这些存在的问题不解决，就会影响到全局工作的开展，就会阻碍下一步工作的进展。

二是从完成上级部署的工作要求的角度去寻找。上级部署的

---

① 资料来源：贺耀敏《邓小平1975年整顿为何从铁路开始》，2007年4月20日《老年生活报》。

工作，是有明确要求的。这些要求是要照办执行的。如果不执行，交不了差是小事，影响到全局的工作就是大事。

三是从问题产生根源的角度去寻找。树皆有根，水皆有源，找到了根源，问题就不难解决了。

附录

中共中央办公厅印发《关于进一步激励广大干部新时代新担当新作为的意见》

近日,中共中央办公厅印发了《关于进一步激励广大干部新时代新担当新作为的意见》,并发出通知,要求各地区各部门结合实际认真贯彻落实。

《通知》指出,《意见》深入贯彻习近平新时代中国特色社会主义思想和党的十九大精神,对建立激励机制和容错纠错机制,进一步激励广大干部新时代新担当新作为提出明确要求。《意见》的制定实施,对充分调动和激发干部队伍的积极性、主动性、创造性,教育引导广大干部为决胜全面建成小康社会、夺取新时代中国特色社会主义伟大胜利、实现中华民族伟大复兴的中国梦不懈奋斗,具有十分重要的意义。

《通知》强调,各级党委(党组)要大力加强干部思想教育,引导和促进广大干部强化"四个意识",坚定"四个自信",切实增强政治担当、历史担当、责任担当,努力创造属于新时代的光辉业绩。要落实好干部标准，大力选拔敢于负责、勇于担当、善于作为、实绩突出的干部，鲜明树立重实干重实绩的用人导向。要完善干部考核评价机制，改进考核方式方法，充分发挥考核对干部的激励鞭策作用。要全面落实习近平总书记关于"三个区分开来"的重要要求，宽容干部在工作中特别是改革创新中的失误错误，旗帜鲜明为敢于担当的干部撑腰鼓劲。要围绕建设高素质专业化干部队伍，强化能力培训和实践锻炼，同时把关心关爱干部的各项措施落到实处。要大力宣传改革创新、干事创业的先进典型，激励广大干部见贤思齐、奋发有为，撸起袖子加油干，凝聚形成创新创业的强大合力。

《通知》要求，各地区各部门在贯彻《意见》中的重要情况和建议，要及时报告党中央。

《关于进一步激励广大干部新时代新担当新作为的意见》全文如下。

为深入贯彻习近平新时代中国特色社会主义思想和党的十九大精神，紧紧围绕统筹推进"五位一体"总体布局和协调推进"四个全面"战略布局，教育引导广大干部为决胜全面建成小康社会、夺取新时代中国特色社会主义伟大胜利、实现中华民族伟大复兴的中国梦不懈奋斗，现就建立激励机制和容错纠错机制，进一步激励广大干部新时代新担当新作为，提出如下意见。

一、大力教育引导干部担当作为、干事创业。坚持用习近平新时代中国特色社会主义思想武装干部头脑，增强干部信心，增进干部自觉，鼓舞干部斗志。坚持严管和厚爱结合、激励和约束并重，教育引导广大干部不忘初心、牢记使命，强化"四个意识"，坚定"四个自信"，以对党忠诚、为党分忧、为党尽职、为民造福的政治担当，满怀激情地投入新时代中国特色社会主义伟大实践。教育引导广大干部深刻领会新时代、新思想、新矛盾、新目标提出的新要求，以时不我待、只争朝夕、勇立潮头的历史担当，努力改革创新、攻坚克难，不断锐意进取、担当作为。教育引导广大干部不负党和人民重托，以守土有责、守土负责、守土尽责的责任担当，在其位、谋其政、干其事、求其效，努力作出无愧于时代、无愧于人民、无愧于历史的业绩。各级领导干部要切实发挥示范表率作用，带头履职尽责，带头担当作为，带头承担责任，一级带着一级干，一级做给一级看，以担当带动担当，以作为促进作为。

二、鲜明树立重实干重实绩的用人导向。坚持好干部标准，突出信念过硬、政治过硬、责任过硬、能力过硬、作风过硬，大力选拔敢于负责、勇于担当、善于作为、实绩突出的干部。坚持从对党忠诚的高度看待干部是否担当作为，注重从精神状态、作风状况考察政治素质，既看日常工作中的担当，又看大事要事难事中的表现。坚持有为才有位，突出实践实干实效，让那些想干事、能干事、干成事的干部有机会有舞台。坚持全面历史辩证地看待干部，公平公正对待干部，对个性鲜明、坚持原则、敢抓敢管、不怕得罪人的干部，符合条件的要大胆使用。坚持优者上、庸者下、劣者汰，对巡视等工作中发现的贯彻执行党的路线方针政策和决策部署不坚决不全面不到位等问题，组织部门要及时跟进，对不担当不作为的干部，根据具体情节该免职的免职、该调整的调整、该降职的降职，使能上能下成为常态。

三、充分发挥干部考核评价的激励鞭策作用。适应新时代新任务新要求，完善干部考核评价机制，切实解决干与不干、干多干少、干好干坏一个样的问题。突出对党中央决策部署贯彻执行情况的考核，制定出台党政领导干部考核工作条例，改进年度考核，推进平时考核，构建完整的干部考核工作制度体系。体现差异化要求，合理设置干部考核指标，改进考核方式方法，增强考核的科学性、针对性、可操作性，调动和保护好各区域、各战线、各层级干部的积极性。完善政绩考核，引导干部牢固树立正确政绩观，防止不切实际定目标，切实解决表态多调门高、行动少落实差等突出问题，力戒形式主义、官僚主义。强化考核结果分析运用，将其作为干部选拔任用、评先奖优、问责追责的重要依据，使政治坚定、奋发有为的干部得到褒奖和鼓励，使慢作为、不作为、乱作为的干部受到警醒和惩戒。加强考核结果反馈，引导干部发扬成绩、改进不足，更好忠于职守、担当奉献。

四、切实为敢于担当的干部撑腰鼓劲。建立健全容错纠错机制，宽容干部在改革创新中的失误错误，把干部在推进改革中因缺乏经验、先行先试出现的失误错误，同明知故犯的违纪违法行为区分开来；把尚无明确限制的探索性试验中的失误错误，同明令禁止后依然我行我素的违纪违法行为区分开来；把为推动发展的无意过失，同为谋取私利的违纪违法行为区分开来。各级党委（党组）及纪检监察机关、组织部门等相关职能部门，要妥善把握事业为上、实事求是、依纪依法、容纠并举等原则，结合动机态度、客观条件、程序方法、性质程度、后果影响以及挽回损失等情况，对干部的失误错误进行综合分析，对该容的大胆容错，不该容的坚决不容。对给予容错的干部，考核考察要客观评价，选拔任用要公正合理。准确把握政策界限，对违纪违法行为必须严肃查处，防止混淆问题性质、拿容错当"保护伞"，搞纪律"松绑"，确保容错在纪律红线、法律底线内进行。坚持有错必纠、有过必改，对苗头性、倾向性问题早发现早纠正，对失误错误及时采取补救措施，帮助干部汲取教训、改进提高，让他们放下包袱、轻装上阵。严肃查处诬告陷害行为，及时为受到不实反映的干部澄清正名、消除顾虑，引导干部争当改革的促进派、实干家，专心致志为党和人民干事创业、建功立业。

五、着力增强干部适应新时代发展要求的本领能力。按照建设高素质专业化干部队伍要求，强化能力培训和实践锻炼，提高专业思维和专业素养，涵养干部担当作为的底气和勇气。加强专业知识、专业能力培训，促使广大干部全面提高学习本领、政治领导本领、改革创新本领、科学发展本领、依法执政本领、群众工作本领、狠抓落实本领、驾驭风险本领。注重培养专业作风、专业精神，引导广大干部坚持理论联系实际，干一行爱一行、钻一行精一行、管一行像一行。突出精准化和实效性，围绕贯彻落实新发展理念、推动高质量发展和建设现代化经济体系、推进供给侧结构性改革、打好三大攻坚战等一系列重大战略部署，帮助干部弥补知识弱项、能力短板、经验盲区，全面提高适应新时代、实现新目标、落实新部署的能力。优化干部成长路径，注重在基层一线和困难艰苦地区培养锻炼，让干部在实践中砥砺品质、增长才干。

六、满怀热情关心关爱干部。坚持严格管理和关心信任相统一，政治上激励、工作上支持、待遇上保障、心理上关怀，增强干部的荣誉感、归属感、获得感。完善和落实谈心谈话制度，注重围绕深化党和国家机构改革等重大任务做好思想政治工作，及时为干部释疑解惑、加油鼓劲。健全干部待遇激励保障制度体系，完善机关事业单位基本工资标准调整机制，实施地区附加津贴制度，完善公务员奖金制度，推进公务员职务与职级并行制度，健全党和国家功勋荣誉表彰制度，做好平时激励、专项表彰奖励工作，落实体检、休假等制度，关注心理健康，丰富文体生活，保证正常福利，保障合法权益。要给基层干部特别是工作在困难艰苦地区和战斗在脱贫攻坚第一线的干部更多理解和支持，主动排忧解难，在政策、待遇等方面给予倾斜，让他们安心、安身、安业，更好履职奉献。

七、凝聚形成创新创业的强大合力。各级党组织要深刻把握新时代新使命新征程，切实增强政治领导力、思想引领力、群众组织力、社会号召力，大力弘扬中华民族的伟大创造精神、伟大奋斗精神、伟大团结精神、伟大梦想精神，让广大干部聪明才智充分涌流，让各类人才创造活力竞相迸发，形成锐意改革、攻坚克难的良好社会风尚。加强科学统筹，制定和执行政策坚持具体问题具体分析，坚持分类指导、精准施策，充分发挥政策的激励引导和保障支持作用。大兴调查研究之风，尊重基层首创精神，鼓励基层结合实际探索创新，充分调动干事创业的积极性。加强党内政治文化建设，弘扬忠诚老实、公道正派、实事求是、清正廉洁等价值观，引导干部自觉践行"三严三实"，不断增强政治定力、纪律定力、道德定力、抵腐定力，习惯在受监督和约束的环境中工作生活。加强舆论引导，坚持激浊扬清，注重保护干部声誉，维护干部队伍形象。大力宣传改革创新、干事创业的先进典型，激励广大干部见贤思齐、奋发有为，撸起袖子加油干，奋力谱写社会主义现代化新征程的壮丽篇章。

（新华社北京2018年5月20日电）

努力以新担当新作为
创造属于新时代的光辉业绩

——中组部负责人就《关于进一步激励广大干部
新时代新担当新作为的意见》答记者问

在《关于进一步激励广大干部新时代新担当新作为的意见》（以下简称《意见》）公开发布之际，中共中央组织部负责人就《意见》的起草制定和贯彻落实等问题，回答了记者的提问。

问：请您介绍一下为什么要出台这个《意见》？

答：中央专门就激励干部担当作为印发文件，目的就是为了深入贯彻习近平新时代中国特色社会主义思想和党的十九大精神，充分调动和激发干部队伍的积极性、主动性、创造性，激励广大干部在新时代担当新使命、展现新作为，努力创造属于新时代的光辉业绩。可以说，《意见》的出台，具有重大的现实意义和深远的战略考量。第一，这是面向新时代，推动党和国家事业发展的迫切需要。新时代开启新征程，新时代期待新气象。在新的历史条件下，统筹推进"五位一体"总体布局，协调推进"四个全面"战略布局，贯彻落实新发展理念，打赢三大攻坚战，推进国家治理体系和治理能力现代化，把党的十九大确定的一系列重大战略部署落到实处,需要广大干部更加积极主动地担当作为。第二,这是顺应新形势,推动全面从严治党向纵深发展的内在要求。严管与厚爱从来都是"一枚硬币的两面",是有机统一的整体。从严管理必然要求干部担当作为,关心关爱也是从严管理的重要保障。推动新时代党的建设,需要在坚持从严管理监督干部的同时,更加重视对干部的厚爱和激励,切实做到从严管理干部推进一步,干部激励工作就跟进一步。第三,这是落实新要求,建设高素质专业化干部队伍的紧迫任务。落实党的十九大提出的建设高素质专业化干部队伍要求,既需要加强源头建设,做好干部队伍的增量文章,更需要突出提升干部精神状态,做好干部队伍的存量文章,把我们的干部队伍建设得更有理想、更有力量、更有作为,这就要求从制度层面作出系统谋划、全面部署。第四,这是聚焦新问题,建立激励机制和容错纠错机制的重要措施。一个时期有一个时期需要解决的突出问题。党的十八大以来,随着全面从严治党的深入推进,干部乱作为问题得到有效遏制,但也有少数干部存在不作为慢作为的问题,有的庸政懒政怠政、改革勇气锐气弱化,需要按照严管和厚爱结合、激励和约束并重的要求,着眼于建立激励机制和容错纠错机制,抓住影响干部干事创业、担当奉献的关键症结,有针对性提出对策措施。

问:《意见》有哪些主要特点?

答:《意见》坚持以习近平新时代中国特色社会主义思想和

党的十九大精神为指导，以有效调动广大干部干事创业的活力动力为主线，以解决干部不想为、不能为、不敢为等问题为重点，从加强思想教育、树立正确用人导向、发挥考核评价作用、建立健全容错纠错机制、提升干部能力素质、热情关心关爱干部、凝聚创新创业合力等方面提出一系列要求。概括起来，主要有以下三个特点：一是宣示性。坚持正向激励主基调，立足事业需要，回应群众呼声，顺应干部期待，体现倡导性、引领力，释放出促进干部积极作为、奋进奋发的强烈信号。二是指导性。坚持目标导向和问题导向相结合，着眼解决干部选拔任用、考核评价、容错纠错等方面的重点难点问题，提出原则性要求，为各级党组织结合实际抓好落实提供遵循。三是统筹性。坚持系统谋划、综合施策，不是单从干部工作某个方面作出规定，而是统筹考虑影响干部积极性的因素，着力将干部选育管用的各个环节衔接起来，将政治教育、思想引导、待遇保障、人文关怀等方面贯通起来，作出整体性部署、制度化安排。

问：在加强干部思想教育方面提出了哪些要求？

答：思想是行动的先导，是激发干部担当作为的动力源泉。《意见》坚持把思想教育摆在首位，鲜明提出坚持"一个武装"、强化"三个担当"、做到"三个带头"的要求。"一个武装"，就是坚持用习近平新时代中国特色社会主义思想武装干部头脑。"三个担当"：一是引导干部不忘初心、牢记使命，强化"四个意识"，坚定"四个自信"，增强对党忠诚、为党分忧、为党尽职、为民造福的政治担当。二是引导干部深刻领会新时代、新思想、新矛盾、新目标提出的新要求，努力改革创新、攻坚克难，增强时不我待、只争朝夕、勇立潮头的历史担当。三是引导干部不负党和人民重托，在其位、谋其政、干其事、求其效，增强守土有责、守土负责、守土尽责的责任担当。同时，《意见》还对突出领导干部这个"关键少数"作出要求，提出要教育引导各级领导干部作出示范表率，自觉做到"三个带头"，即带头履职尽责、带头担当作为、带头承担责任，切实以担当带动担当、以作为促进作为。

问：您刚才提到要树立正确用人导向，请问这方面有哪些具体要求？

答：选好人、用对人，是最有效、最直接的激励。把担当作为者用起来，敢于担当、善于作为就会蔚然成风。为此，《意见》提出要鲜明树立重实干重实绩的用人导向，突出"五个过硬"要求，即信念过硬、政治过硬、责任过硬、能力过硬、作风过硬。具体工作中，要做到"五个坚持"：一是坚持好干部标准，大力选拔敢于负责、勇于担当、善于作为、实绩突出的干部。二是坚持从对党忠诚的高度看待干部是否担当作为，既看日常工作中的担当，又看大事要事难事中的表现。三是坚持有为才有位，突出实践实干实效，让那些想干事、能干事、干成事的干部有机会有舞台。四是坚持全面历史辩证地看待干部，公平公正对待干部，对个性鲜明、坚持原则、敢抓敢管、不怕得罪人的干部，符合条件的要大胆使用。五是坚持优者上、庸者下、劣者汰，对不担当、不作为的干部，该免职的免职、该调整的调整、该降职的降职。

下一步，按照中央部署要求，中组部将在全国范围内发现、宣传、重用一批敢于担当、奋发有为的先进典型，进一步树立鼓励和引导广大干部干事创业、改革创新的良好用人导向。

问：《意见》对完善干部考核评价机制提出了哪些要求？

答："有官必有课，有课必有赏罚。"科学有效的考核是干部选拔、调整、激励、约束的重要手段。《意见》明确提出要充分发挥干部考核评价的激励鞭策作用，切实解决干与不干、干多干少、干好干坏一个样的问题，从"考什么、如何考、结果怎么用"等方面提出要求，凸显了干部考核工作的问题导向、目标导向、效果导向。比如，围绕"考什么"，提出要适应新时代新任务新要求，把贯彻执行党中央决策部署的情况作为考核重点，突出政治考核、作风考核、实绩考核，体现差异化要求，合理设置干部考核指标。特别强调要完善政绩考核，引导干部牢固树立正确政绩观，力戒形式主义、官僚主义。围绕"如何考"，提出要制定出台党政领导干部考核工作条例，构建完整的干部考核工作制度体系，改进考核方式方法，增强考核的科学性、针对性、可操作性。围绕"结果怎么用",提出要将结果作为干部选拔任用、评先奖优、问责追责的重要依据,同时加强考核结果反馈,引导干部发扬成绩、改进不足、忠于职守、担当奉献,更好地调动和保护各区域、各战线、各层级干部的积极性。

问:对于一些干部"不能为"的问题,《意见》提出了哪些措施办法?

答:应当看到,现在一些干部不作为,除了有的是因为动力不强"不想为",还有一些是能力不足"不会为"。为更好地解决这一问题,《意见》聚焦建设高素质专业化干部队伍要求,从强化能力培训和实践锻炼着手,有针对性地提出了要求。在培养目标上,按照党的十九大提出的增强"八个本领"的要求,突出专业知识、专业能力、专业作风、专业精神的培养,引导干部干一行爱一行、钻一行精一行、管一行像一行。在培养内容上,围绕新时代、新目标、新部署对专业化的新要求,突出培训的精准化和实效性,有针对性地帮助干部进行知识更新和能力拓展。在培养方式上,坚持理论培训与实践锻炼并重,优化干部成长路径,注重在基层一线和困难艰苦地区培养锻炼,让干部在实践中砥砺品质、增长才干。

问:您刚才谈到,《意见》提出要建立健全容错纠错机制,对此有哪些具体要求?

答:习近平总书记指出,干事业总是有风险的,不能期望每一项工作只成功不失败。在改革进入攻坚期和深水区的今天，面对改革创新中的失误错误，只有允许试错、宽容失败，才能让改革永不停顿、创新永无止境。近年来，各地在建立容错纠错机制、激励干部敢闯敢试方面作了积极探索。从实践来看，哪些错该容、怎么去容，容错和纠错怎么有机统一起来，是开展这项工作的重点，也是难点。为此，《意见》对建立健全容错纠错机制专门提出要求，这是中央首次从制度层面作出规定。总的是按照总书记提出的"三个区分开来"要求来把握，具体工作中要妥善把握事业为上、实事求是、依纪依法、容纠并举等"四个原则"，结合动机态度、客观条件、程序方法、性质程度、后果影响以及挽回损失等"六个要件"，对干部的失误错误进行综合分析，对该容的大胆容错，不该容的坚决不容。对给予容错的干部，考核考察要客观评价，选拔任用要公正合理。

需要强调的是，要准确把握政策界限，防止混淆问题性质、拿容错当"保护伞"，搞纪律"松绑"，确保容错在纪律红线、法律底线内进行。同时，还要坚持有错必纠、有过必改，帮助干部汲取教训、改进提高，让他们放下包袱、轻装上阵。

问：《意见》在关心关爱干部方面提出了哪些要求？

答：总的要求是坚持严格管理和关心信任相统一，政治上激励、工作上支持、待遇上保障、心理上关怀，增强干部的荣誉感、归属感、获得感。重点做好三方面工作：一是注重解疑释感。提出完善和落实谈心谈话制度，注重做好思想政治工作，掌握干部思想动态，及时帮干部解开思想疙瘩，为他们加油鼓劲。二是解决后顾之忧。健全干部待遇激励保障制度体系，完善机关事业单位基本工资标准调整机制，完善公务员奖金制度，落实体检、休假等制度，保证正常福利，保障合法权益。三是重视关心基层。推进公务员职务与职级并行制度，实施地区附加津贴制度，给基层干部特别是工作在困难艰苦地区和战斗在脱贫攻坚第一线的干部更多理解和支持，在政策、待遇等方面给予倾斜。

问：请问《意见》对凝聚形成创新创业的强大合力，提出了哪些要求？

答：激发干部干事创业、担当作为，需要营造良好氛围、形成工作合力。《意见》提出各级党组织要切实增强"四力"，即政治领导力、思想引领力、群众组织力、社会号召力；要大力弘扬中华民族的"四个伟大精神"，即伟大创造精神、伟大奋斗精神、伟大团结精神、伟大梦想精神，让广大干部聪明才智充分涌流，让各类人才创造活力竞相迸发。提出四条具体措施：一是加强科学统筹，制定和执行政策坚持具体问题具体分析。二是大兴调查研究之风，尊重基层首创精神。三是加强党内政治文化建设，弘扬忠诚老实、公道正派、实事求是、清正廉洁等价值观。四是加强舆论引导，维护干部队伍形象，大力宣传改革创新、干事创业的先进典型，激励广大干部见贤思齐、奋发有为。

问：最后，请问对抓好《意见》贯彻落实有什么考虑？

答：制度的生命力在于执行，关键在于抓好落实、见到实效。各地区各部门各单位要紧密结合实际，突出问题导向，强化责任担当，认真抓好贯彻落实。下一步，重点做好以下几方面工作：一是加强宣传引导。中央有关媒体将持续关注、及时报道《意见》贯彻落实情况，各地区各部门各单位也要通过多种渠道和方式，对贯彻落实《意见》的好做法、好经验进行广泛宣传，以形成良好的舆论氛围。二是注重典型引领。注意挖掘和发现新时代新担当新作为的先进典型，大力宣传他们的工作业绩和光荣事迹，在全社会形成鼓励担当作为、崇尚苦干实干的良好风尚。三是细化制度措施。各地区各部门各单位要结合实际，精准执行政策，依照《意见》要求细化配套制度和措施。四是严格督促检查。坚持跟踪问效，及时对贯彻落实情况进行督促检查，推动工作有力有序进行，确保文件精神落地见效。

（新华社北京 2018 年 5 月 21 日电）